もしもし検定

第6版

電話応対技能検定 3・4級 公式問題集

公益財団法人 日本電信電話ユーザ協会 編

日本経済新聞出版

はじめに

メールやSNSなどのツールが全盛になった現在でも、顧客や社内のやりとりで電話応対の重要性は、ますます高まっています。

公益財団法人 日本電信電話ユーザ協会では、国家資格であった「電話交換取扱者認定制度」を継承し、「電話オペレータ技能検定資格」として実施してきたほか、「電話応対コンクール」「企業電話応対コンテスト」を開催するなど電話応対教育の充実に力を注いでまいりました。

その中で、「電話応対の新しい資格検定制度」への要望が各方面から寄せられました。こうしたニーズに応えて、お客様に喜ばれるビジネス電話応対のエキスパートとして即戦力になり得るチームリーダーの育成を目的に、「電話応対技能検定（もしもし検定）」を2009年にスタートしました。

本書は、「もしもし検定」３級・４級の試験に対応した問題集です。赤シートで解答や重要ポイントを隠しながら問題演習ができる過去問のページと、本試験そっくりの形式で力試しができる実力診断テストから構成されています。第６版では、2022年１月~2023年11月に実施された試験から、重要な問題を選び収録しました。

「もしもし検定」の資格取得を目指す皆さんが、ひとりでも多く合格されることを心よりお祈りいたします。

公益財団法人 日本電信電話ユーザ協会

目次

「もしもし検定」の概要

◆「もしもし検定」とは

「もしもし検定」は、（公財）日本電信電話ユーザ協会が実施する、電話応対に関する資格試験の愛称で、正式名称を「電話応対技能検定」といいます。

企業における電話応対やビジネスコミュニケーションのエキスパートとして即戦力になり得るチームリーダーの育成を目指し、実施されています。

４級（2014年に新設）から１級までの段階別資格と、資格取得希望者を教育する「指導者級」で構成されており、そのうち４級は、筆記試験のみで認定されます。３級以上の受験者は、所定の講習を修了後、筆記試験と実技試験によって認定されます。

◆ 検定の概要

検定方法：検定委員会が定める講習（授業科目および時間数）を修了し、専門委員会で定めた実技・筆記試験に合格した者に認定証を付与
※４級は筆記試験のみ実施

検定実施月：各級の検定実施月は下記の通り

級	実施月
4級	毎月第１水曜日※
3級	奇数月の第１水曜日※
2級	4、6、10、12月の第１水曜日※
1級	2、8月の第１水曜日※

※第１水曜日が祝日の場合、第２水曜日に実施

有効期間：指導者級のみ５年間の有効期間を設け、更新制とする

実施機関：（公財）日本電信電話ユーザ協会「電話応対技能検定委員会」

事 務 局：（公財）日本電信電話ユーザ協会本部

詳しくは、日本電信電話ユーザ協会のホームページをご覧ください。
https://www.jtua.or.jp/education/moshimoshi/

◆ 級別の資格と検定料

基本的には、下位の級から順に受講・受験することが望ましいとされますが、経験がある受験者については２級からの受講・受験が認められています（ただし、後述の基本科目の受講が必要です）。

級	内容	検定料
4級	ビジネス電話応対に必要なコミュニケーションの基礎知識を有する	受験料 1,000円＋税
3級	ビジネス電話応対に必要なコミュニケーションの基礎能力を有する	5,000円＋税
2級	ビジネス電話応対に必要なコミュニケーションの応用能力を有する	6,000円＋税
1級	ビジネス電話応対に必要な社内の指導者として高度な実践能力および指導能力を有する	7,000円＋税
指導者級	電話応対に関する高度な知識、技能を有し、本検定の実施にあたっては、指導官や試験官などの役割を担う	10,000円＋税

※ 2025年４月から、４級試験の検定料を「2,000円＋税」に改定。

◆ 認定証と認定カード

合格者へは、希望により下記を有料で発行します。

● 指導者級および１級～３級の合格者
　認定証　3,300円（10％税込）
　認定カード（写真付き）　5,500円（10％税込）

● ４級の合格者
　４級カード　550円（10％税込）

▲認定証

▲認定カード（写真付き）

◆ 受験資格を得るために必要な講習

もしもし検定では、受検資格を得るために、下記の講習を修了することが必要とされています。ただし、4級には講習制度がなく、筆記試験のみで認定されます。

指導者級では、下記の講習に加えて、さらに25時間以上の講習を修了することが必要です。

	授業内容	時間数
基本科目 10時間以上	●教養ある社会人として欠かせない人格的マナー ●話し言葉・聴くこと・話すこと・気遣うこと ●敬語と言葉遣いの基本 ●発声・発音の基本 ●電話と対面コミュニケーションの違い ●様々なコミュニケーションツールと 電話メディアの特徴 ●個人情報保護法（概要）	2時間以上 2時間以上 2時間以上 1時間以上 1時間以上 1時間以上 1時間以上
1級 15時間以上	●クレーム電話応答 ●クレーム・紛争に関する法的知識 ●伝え方・聴き方の応用 ●電話応対のメディエーションの応用 ●電話応対のアサーションの応用 ●電話応対のカウンセリング	5時間以上 1時間以上 4時間以上 1時間半以上 1時間半以上 2時間以上
2級 15時間以上	●電話応対の応用 ●伝え方・聴き方の基本 ●日本語の特徴 ●電話応対のメディエーションの基礎 ●電話応対のアサーションの基礎 ●電話応対のカウンセリング ●個人情報保護法 （応対者事例によるグループワーク）	5時間以上 2時間以上 1時間半以上 1時間半以上 1時間半以上 2時間以上 1時間半以上
3級 基本科目＋ 5時間以上	●電話応対の基礎 ●電話の受け方、かけ方、取り次ぎ、伝言	2時間以上 3時間以上

◆ 筆記試験と実技試験

各級の検定試験の概要は、次の通りです。より上位の級に進むにつれ、試験時間が長くなります。

	1級	2級	3級	4級
検定試験	●筆記（四肢択一マークシート20問、論述1問、記述1問） ●実技（ロールプレイ）	●筆記（四肢択一マークシート20問、記述1問） ●実技（ロールプレイ）	●筆記（四肢択一マークシート20問） ●実技（ロールプレイ）	●筆記（四肢択一マークシート20問） ※3級の筆記試験と同内容
試験時間	●筆記90分 ●実技3分	●筆記60分 ●実技3分	●筆記40分 ●実技3分	筆記40分
配点	●筆記100点　●実技100点			筆記100点
合格基準	筆記試験・実技試験共に7割以上の得点			7割以上の得点

◆ 3級・4級の体系

4級合格者が次に3級を受験する場合は、筆記試験が免除されるほか、3級の講習の約半分が免除されるため、より手軽に受験できるようになっています。

受験級		基本科目　10時間		3級科目（電話研修）5時間以上	筆記試験 40分	実技試験 3分
		心構え	知識			
4級		—	—	—	必要	—
3級	4級合格者	必要（2時間以上）	—	必要	—	必要
	4級合格者以外	すべて必要				

＊一は免除される科目・試験

4級合格者が免除される、講習の「基本科目」

- ●敬語と言葉遣いの基本
- ●発声・発音の基本
- ●様々なコミュニケーションツールと電話メディアの特徴
- ●個人情報保護法（概要）

3級・4級試験の全体像

◆ 3級・4級筆記試験

3級筆記試験と4級筆記試験は同じ内容で実施されます。

筆記試験は、状況設定をもとに、場面に応じて解答を選ぶ問題が多く含まれています。

◆ 3級実技試験

3級以上で実施される実技試験では、電話応対の実践能力を判定するため、電話の模擬応対（ロールプレイング）が行われます。

試験問題は、事前に配布されます。試験問題の状況設定をもとに、3分の試験時間内で、自由に会話を展開します。

配点は100点、7割以上の得点で合格です。

採点は、次ページの「電話応対技能検定【もしもし検定】スキルチェック表」を基準に行い、3級では「ビジネス電話応対に必要なコミュニケーションの基礎能力を有するか」を評価します。

電話応対に正解はありません。電話を受ける人、かける人によって会話が異なります。したがって、本書では実技試験の問題と模擬応対者（お客様等の電話の相手役）へ配布した資料を掲載しております。

◆「もしもし検定」スキルチェック表の解説

実技試験では、ビジネス電話として『顧客満足度を達成するために』企業や組織を守り、人の心と言葉を大事にした人間的に温かみのある愛ある応対であったかを下記の項目ごとに審査します。

最初の印象 **5点**

- 挨拶、社名の名乗り、取り次ぎ方など、オープニングの好感度

基本応対スキル **20点**

- 自然な抑揚、テンポ、表情で話しているか
- 声柄や話し方は聞きやすく好感が持てるか
- 敬語や応対用語など、言葉遣いは適切か
- パターン化した言語ではなく、場に合った表現の工夫がみられるか

コミュニケーションスキル **20点**

- お客様の言葉をしっかり聴き取り訊きだしているか
- お客様の話を要点を押さえて正しく理解しているか
- ポイントを押さえた無駄のない、わかりやすい説明ができているか
- 手際のよい応対、処理ができているか

情報・サービスの提供 **20点**

- お客様が知りたいことを的確に答えているか
- お客様の期待以上の情報・サービスの提供ができているか
- 確かな業務知識・情報を持っているか
- この応対を通じてお客様の信頼感を高め得たか

最後の印象 **5点**

- 挨拶、名乗り、大事なことのくり返しなど、次につながる心のこもったクロージングであったか

全体評価 **30点**

- 全体を通して、お客様に満足していただける応対であったか

減点について（試験細則　第5章実技試験　第5条より）

- 時間超過は、3分を超えた場合は、15秒ごとに試験官1名につき1点を減点する

3級・4級合格のポイントとなる「到達目標」

◆ 全領域を通しての到達目標

3級・4級では、下記のような到達目標を掲げて講習と検定試験を行っています。

筆記試験で問われるポイントにもなりますので、確認しておきましょう。

対象例	到達目標
ビジネス電話応対を行うためのコミュニケーションの基礎能力を有することを目指している人	【求められる意識レベル】 ●一本の電話が会社の評価を定めるという、職業人意識を持つ 【知っておくべき知識の範囲】 ●電話応対において必要な基本応対スキル（発声・発音・敬語・応対用語等）の知識 ●電話応対を理解・実践するために、前提となる社会人として必要な基本的なビジネスマナー（挨拶・訪問・接遇・身だしなみ等）の知識 ●電話応対において必要な個人情報保護法の基礎知識 ●様々なコミュニケーションツールの特徴 【電話応対における実践レベル】 ●電話応対の基本（受ける・かける・取り次ぐ・伝言する）ができる

◆ 日本語

	項目	ねらいと目標
1	話し言葉・聴くこと・話すこと・気遣うこと	●「伝えた」と「伝わった」が違うということを認識する ●ICT（情報通信技術）の時代、会話する言葉の力がいかに大事かを知る ●何を話せば満足し喜んでもらえるか、その意識が基本 ●「意識」とマニュアルによる「スキル」習得は両輪 ●「聞く」「聴く」「訊く」の違いを理解する

2	敬語と言葉遣いの基本	●謙譲語と尊敬語の正しい使い分けの基本の指導 ●知らずに使っている「コンビニ敬語」「若者言葉」などの間違い言葉を指摘し、正しい表現を指導する
3	発音・発声の基本	●電話で、声から受ける印象の違いに気づいてもらう ●自分の話し方の欠点を認識する ●少し高めの声で、口をしっかり開けて話す基本訓練 ●母音がすべての基本。母音をしっかり出す訓練をする

◆ ICTツール(コミュニケーションツール)

	項目	ねらいと目標
1	様々なコミュニケーションツールと電話メディアの特徴	●一般に常識化（固定観念化）している「コミュニケーション手段」の評価が各人によって異なることを理解し、その中での電話の役割を再認識する

◆ 電話応対・電話メディア

	項目	内容	ねらいと目標
1	電話応対の基礎	a.電話の特性	●電話の長所・短所を知り、電話応対の重要性について理解している
		b.電話のかけ方	●電話をかけるときの基本を知り、適切で慣用的な言い回しができる
		c.電話の受け方	●電話を受けるときの基本を知り、適切な電話の受け方ができる
		d.電話の取り次ぎ	●電話の取り次ぎ方を知り、適切な電話の取り次ぎができる
		e.伝言メモの書き方	●適切な伝言メモを書くことができる

◆ マナー

	項目	内容	ねらいと目標
1	教養ある社会人として欠かせない人格的マナー	a.美しい動作と身だしなみのマナー	●立った姿勢と座った姿勢、正しい着席と立ち上がり方を知る ●美しい歩き方、正しいおじぎの使い分け、スマートなドアの開閉を知る ●ビジネスの服装・髪型・持ち物等について知る
		b.仕事の基本マナー	●命令・指示の上手な受け方を知る ●報告の仕方を知る ●社内での人間関係を円滑にするための考え方を知る ●欠勤・遅刻・早退をするときの注意点を知る ●仕事に対する熱意の持ち方や考え方を知る ●ビジネス文書・FAX・電子メールの基本を知る
		c.紹介のマナー	●自己紹介の仕方を知る ●人を紹介する時の注意点を知る ●名刺の取扱いの基本を知る ●来客応対の基本の手順を知る ●会社訪問の基本の手順を知る
		d.いろいろな席順の決まり	●食事の席（料亭・レストラン・中華・立食等）を知る ●応接室や会議室の席を知る ●乗り物（車・飛行機・列車等）の席を知る
		e.冠婚葬祭のマナー	●贈答・進物のマナー ●慶事のマナー ●弔事のマナー

◆ 法的知識

	項目	ねらいと目標
1	個人情報保護法	●個人情報保護制度（法・ガイドライン等）について理解している ●保護されるべき個人情報とは何かについて理解している ●個人情報を取得する際のルールについて理解している ●個人情報を利用する際のルールについて理解している ●個人情報の安全確保のルールについて理解している ●個人情報の開示・訂正の請求のルールについて理解している ●個人情報に関する苦情制度について理解している

「電話応対技能検定委員会」委員名簿　敬称略　委員50音順

役　職	現　職	氏　名
委員長	国際教養大学　日本語教育実践領域　特任教授	伊東　祐郎
委　員	いなば法律事務所　弁護士 元中京大学法科大学院教授 元大阪地方裁判所判事　元法務省検事	稲葉　一人
委　員	(一財) NHK放送研修センター 元理事　日本語センター長	岡部　達昭
委　員	京都大学大学院医学研究科講師 弁護士	岡村　久道
委　員	(公財) 日本電信電話ユーザ協会　理事長	黒田　吉広
委　員	(公財) 日本電信電話ユーザ協会　会長 みずほ信託銀行　元取締役社長	中野　武夫
委　員	劇作家・演出家 東京藝術大学COI推進機構特任教授	平田オリザ
委　員	立命館大学　衣笠総合研究機構　客員研究員 元NHKエグゼクティブアナウンサー	三宅　民夫

「電話応対技能検定専門委員会」委員名簿　敬称略　委員50音順

役　職	現　職	氏　名
委員長	いなば法律事務所　弁護士 元中京大学法科大学院教授 元大阪地方裁判所判事　元法務省検事	稲葉　一人
委　員	(株) アクシア　代表取締役社長	岩野敬一郎
委　員	税務研究会　出版局　編集者	上野恵美子
委　員	(公財) 日本電信電話ユーザ協会　専務理事	俣田　達男
委　員	(株) NTTドコモ	横山　達也

(2023年10月1日現在)

本書の使い方

本書は、もしもし検定の過去問題を一問一答形式でまとめたPart1と、本試験そっくりの形式で力試しができる実力診断テスト2回分を収録したPart2で構成されています。

Part1 過去問題

1 厳選した過去問題

過去の試験問題から、繰り返し出題されている重要問題を厳選。3・4級で出題される分野を完全カバー。

2 学習日の記入欄で計画的に学習

見開きごとに学習日を記録しておける記入欄。

1 日本語

過去問題

□**1** 日本語の話し言葉の特色を表した次の説明のうち、最も特徴的なものはどれですか。次の中から1つ選びなさい。

1. 日本語の話し言葉は、主として高低による際立たせで意味が変わる言葉である。
2. 日本語の話し言葉は、主として緩急を変えることで意味が変わる言葉である。
3. 日本語の話し言葉は、主として明暗のつけ方によって意味が変わる言葉である。
4. 日本語の話し言葉は、主として強弱の変化によって意味が変わる言葉である。

□**2** 「話し言葉」と「書き言葉」は対立する性格を持った伝え方ですが、共通点もあります。次のうちから1つ挙げなさい。

1. 言葉を使ってコミュニケーションをする。
2. 文字を使ってコミュニケーションをする。
3. 音声を使ってコミュニケーションをする。
4. ジェスチャーを使ってコミュニケーションをする。

20 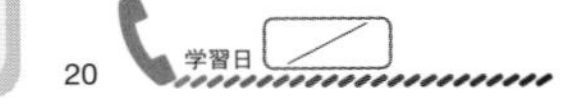

23 重要度★★★

2．の「拝見」は、「見る」の謙譲語です。謙譲語は、相手の動作（行為）に使いません。

正しくは、「どうぞご覧になってください」と言います。

2

1 日本語

3 一目でわかる重要度

特に重要な問題がわかる重要度アイコンを用意。時間がないときは重要度3★★★を優先して解こう。

24 重要度★★★

1．○　問題のない言い方です。

2．×　「了解」という言葉は、敬語ではありません。「了解しました」は、同僚や目下の人には使えますが、上司やお客様などに使うと、相手が不快感を抱く場合があります。したがって、問題のある言い方です。「了解いたしました」と、謙譲語をつけても、上司やお客様には使えません。

3．○　問題のない言い方です。

4．○　問題のない言い方です。

2

5 正答番号

4 重要事項をおさらいできるワンポイントアドバイス

テーマごとに頻出ポイントを丁寧に解説。

ワンポイントアドバイス　尊敬語・謙譲語

尊敬語　：相手（側）や第三者の行為・物事・状態などについて、その人物（登場人物・関与人物）を立てて述べるもの。

謙譲語Ⅰ：自分（側）から、相手（側）・第三者に向かう行為・物事などについて、その向かう先の人（登場人物・関与人物）を立てて述べるもの。

謙譲語Ⅱ：自分（側）まれに第三者の行為・物事などを、話や文章の相手（対話人物）に対して丁重に述べるもの。

49

Part2　実力診断テスト

実力診断テスト　1回目　解答用紙

問題番号	解答	配点
問1		5
問2		5
問3		5
問4		5
問5		5
問6		5
問7		5
問8		5
問9		5
問10		5
問11		5
問12		5
問13		5
問14		5
問15		5
問16		5
問17		5
問18		5
問19		5
問20		5

得点
/100

（合格ラインは70点）

220

1回目　筆記問題

問1

ビジネスにおいて、敬語を使えることは信頼につながります。選択肢の中で、電話応対で敬語を用いるに当たって基本的に正しくない考え方を、1つ選びなさい。

1．文法的に正しい使い方を守るべきである。
2．相手との関係で、程度の良いふさわしい敬語を選ぶべきである。
3．用語的には適切でも、心のこもった音声表現が伴っていな
らない。
4．敬意の高い敬語を、なるべくたくさん用いるようにすれば問題は起きない。

問2

「いただく」「くださる」の敬語の分類について、正しい選択肢はどれですか。次の中から1つ選びなさい。

1．「いただく」も「くださる」も尊敬語である。
2．「いただく」も「くださる」も謙譲語である。
3．「いただく」は尊敬語、「くださる」は謙譲語である。
4．「いただく」は謙譲語、「くださる」は尊敬語である。

221

6 本試験そっくりの問題で合否判定

解答用紙に付いている配点表で、合格ラインに達しているか判定できる。

Part 1

「もしもし検定」過去問題

出題形式	**【筆記試験】** 四肢択一式　各5点×20問で70点が合格ライン **【実技試験】** ロールプレイング　70点が合格ライン
対策	**【筆記試験】** **日本語**は、日本語の特性、文法、敬語、慣用句などをバランスよく出題。合否を分けるのでしっかり確認しておきたい。 **ICTツール（コミュニケーションツール）**では、インターネット利用が当たり前になった現在のビジネス環境での「ICTツールを使うための基本」を理解しているかが問われる。 **電話応対・電話メディア**では、基本となる受け方、かけ方だけでなく、取り次ぎ方や伝言についても問われる。オフィスの固定電話だけではなく、在宅勤務やスマートフォンの出題が増えている。 **マナー**の出題範囲は多岐にわたるが、EメールやWeb会議のマナーを含め、社内外や、対面と非対面などのシーン別に押さえておきたい。 **法的知識**では、個人情報保護法の概要が出題される。 **【実技試験】** お客様や取引先への電話応対の基本ができるよう、問題文をよく読み、声に出して繰り返し練習しておきたい。

1 日本語

過去問題

□**1**　日本語の話し言葉の特色を表した次の説明のうち、最も特徴的なものはどれですか。次の中から1つ選びなさい。

1． 日本語の話し言葉は、主として高低による際立たせで意味が変わる言葉である。
2． 日本語の話し言葉は、主として緩急を変えることで意味が変わる言葉である。
3． 日本語の話し言葉は、主として明暗のつけ方によって意味が変わる言葉である。
4． 日本語の話し言葉は、主として強弱の変化によって意味が変わる言葉である。

□**2**　「話し言葉」と「書き言葉」は対立する性格を持った伝え方ですが、共通点もあります。次のうちから1つ挙げなさい。

1． 言葉を使ってコミュニケーションをする。
2． 文字を使ってコミュニケーションをする。
3． 音声を使ってコミュニケーションをする。
4． ジェスチャーを使ってコミュニケーションをする。

学習日　／

解答・解説

1 重要度★★

日本語の話し言葉は、「高低」「緩急」「明暗」「強弱」「大小」「地の声」「息の声」などを変えながら、意味や表情、心情を伝えます。中でも、日本語の話し言葉では、「高低」のイントネーションが担う役割が大きいため、「日本語は高低イントネーションの言葉」と言われています。したがって、正解は１．です。

1

2 重要度★★

「話し言葉」と「書き言葉」の共通点は、言葉（言語）を使ったコミュニケーションであることです。したがって、正解は１．です。

１．○

２．×　文字を使うのは「書き言葉」です。

３．×　音声を使うのは「話し言葉」です。

４．×　ジェスチャーを使うのは、代表的なものは「手話」です。

現代では、ほかに、「標識」「手旗」「テレビ映像」などの、絵や形を使ったコミュニケーションがあります。

1

□**3** 「話し言葉」に関する言葉の意味を問います。たとえば、「送信」と「受信」は対立した関係の言葉です。次の中で、対立した関係とは言えないものはどれですか。1つ選びなさい。

1.「共通語」と「方言」
2.「書き言葉」と「話し言葉」
3.「母音」と「子音」
4.「メディア」と「電話」

□**4** 以下の話し方の中で、最も文語的（書き言葉的）な表現はどれですか。次の中から1つ選びなさい。

1.「さらに改善していくつもりです」
2.「さらに改善していく考えです」
3.「さらに改善していく所存です」
4.「さらに改善していこうと思います」

3 重要度★★

1．○　「共通語」は、全国で通じる言葉です。それに対して、「方言」は、限られた地域で使われる言葉です。したがって、対立した関係と言えます。

2．○　「書き言葉」が視覚のコミュニケーションであるのに対して、「話し言葉」は聴覚のコミュニケーションです。したがって、対立した関係と言えます。

3．○　「子音」は、口腔・鼻腔のどこかで、声が、舌や唇などに妨害されて形作られる「音」です。それに対して「母音」は、声が、舌や唇などに妨害されずに形作られる「音」です。したがって、対立した関係と言えます。

4．×　「メディア」は、「媒体」や「情報伝達の手段」などという意味です。一方で、「電話」はメディアの種類の一つです。したがって、対立した関係とは言えません。

4

4 重要度★★

ビジネス電話のコミュニケーションは、相手との「会話」であるため「丁寧な口語文」が基本です。ただし、改まりの度合いによっては文語的な言葉を使う場合もあります。

3．の「所存」のように漢字の音読みをする言葉は、ほとんどが文語的であると考えてよいです。したがって、正解は3．です。

3

□**5** 相手に許可を求める場合の言い方で「○○せていただく」や「○○させていただく」がよく用いられますが、次の4つの選択肢の中で文法的に正しい言い方はどれですか。次の中から1つ選びなさい。

1.「明日は、休まさせていただきます」
2.「少し、待たさせていただきます」
3.「その訳を、話（はな）させていただきます」
4.「用事があるので、帰らさせていただきます」

□**6** ものの程度を表す「○○め」の言い方が少し乱れています。次の4つの選択肢の中で正しいものを1つ選びなさい。

1.「目標設定は、多いめにしますか？　少ないめにしますか？」
2.「目標設定は、多めにしますか？　少ないめにしますか？」
3.「目標設定は、多いめにしますか？　少なめにしますか？」
4.「目標設定は、多めにしますか？　少なめにしますか？」

学習日　／

5 重要度★★

使役の助動詞「せる」と「させる」の、正しい使い分けについての問題です。

「五段・サ変」の動詞には「せる」、「一段・カ変」の動詞には「させる」がつきます。

選択肢は、いずれも五段活用の動詞なので、未然形「休ま」「待た」「話さ」「帰ら」に「せる」がつきます。

1．× 「休ませて」が正しい言い方です。

2．× 「待たせて」が正しい言い方です。

3．○ 「話させて」は、正しい言い方です。この場合、「話す」はサ行の五段活用の動詞なので、「話さ」までが動詞です。そこに、助動詞「せる」がついた形です。

4．× 「帰らせて」が正しい言い方です。

余分な「さ」が入る言い方は、「さ入れ言葉」といいます。「さ入れ言葉」は、「言葉の乱れ」の一つです。

3

6 重要度★★

ものの程度を表す「○○め」の言い方では、「め」は形容詞の語幹につきます。したがって、「長い」「細い」「大きい」「柔らかい」などは、それぞれ「長め」「細め」「大きめ」「柔らかめ」と言います。よって、正解は4．の「多め」「少なめ」です。

なお、例外として、「濃い」に「め」がついたときは、「濃め」ではなく「濃いめ」と言います。

4

□**7**　言葉の意味を話して説明することは、仕事でも日常生活でもよくあります。次の4つの説明の仕方の中で、聞いて最も分かりやすいと考えられるのはどれですか。1つ選びなさい。

1.「東京ではソメイヨシノ、地域によってはエゾヤマザクラやヒカンザクラを開花の基準にして、桜が咲いている地域とまだ咲いていない地域の境に線を引くと、ちょうど天気図の前線のようになるのでこれを桜前線と言います」

2.「桜前線について簡単に説明します。東京ではソメイヨシノ、地域によってはエゾヤマザクラやヒカンザクラを開花の基準にして、桜が咲いている地域とまだ咲いていない地域の境に線を引くと、ちょうど天気図の前線のようになるのでこれを桜前線と言います」

3.「桜前線について簡単に説明します。桜が咲いている地域とまだ咲いていない地域の境に線を引くと、ちょうど天気図の前線のようになるので、これを桜前線と言いまして、基準となる桜は、東京ではソメイヨシノ、地域によってはエゾヤマザクラやヒカンザクラです」

4.「桜前線について簡単に説明します。一言で言えば、桜が咲いている地域とまだ咲いていない地域の境に線を引くと、ちょうど天気図の前線のようになるのでこれを桜前線と言います。なお、基準となる桜は、東京ではソメイヨシノ、地域によってはエゾヤマザクラやヒカンザクラです」

7 重要度★★★

伝達・説明・報告など、情報文を伝えるときは、わかりやすい「話の組み立て（話す順序）」を意識する必要があります。「言葉（用語）の説明」の場合も同じです。もしもし検定では、「1に件名、2に結論、3に詳細」の順序をおすすめしています。

設問の場合、「件名」は、「桜前線の説明」です。「結論（概要）」は、「桜が咲いている地域とまだ咲いていない地域の境に線を引くと、ちょうど天気図の前線のようになるのでこれを桜前線と言う」です。「詳細」は、「基準となる桜は、東京ではソメイヨシノ、地域によってはエゾヤマザクラやヒカンザクラ」です。

1. × いきなり「詳細」から伝えており、聞き手は、話し手が何の説明をしているのかがわかりません。また、センテンスが長く、話の組み立てがうまくできていません。

2. × はじめに「件名」を伝えています。しかし、「件名」以降のセンテンスが長く、わかりにくい説明です。また、「件名」の次に伝える順序が「結論→詳細」ではなく、「詳細→結論」になっています。

3. × はじめに「件名」を伝えています。また、「結論→詳細」の順序で伝えています。しかし、「結論」と「詳細」の文がつながっており、センテンスが長いため、わかりにくい説明です。

4. ○ 「①件名②結論③詳細」の順序で伝えており、合理的でわかりやすい説明です。「なお、基準となる桜は……」と、「詳細」が、「結論」に付随する情報であることが、わかりやすく述べられています。

したがって、正解は**4.** です。

4

□**8**　あなたは、会社の特別会員に工場見学会の案内を口頭で伝えます。次の4つの伝え方で、どれが一番わかりやすいと考えますか。次の中から1つ選びなさい。

1.「特別会員の方限定で、私どもの製造工場を見学して、新商品のご試食をお楽しみいただけるという工場見学会が、12月3日（土）午後2時から三鷹工場で開かれますので、参加のご希望があれば11月末までにご連絡をお待ちしております」
2.「特別会員の方限定で、私どもの製造工場を見学して、新商品のご試食をお楽しみいただけるという工場見学会があります。日時は12月3日（土）午後2時からで、場所は三鷹工場です。参加のご希望があれば11月末までにご連絡をお待ちしております」
3.「特別会員の方限定の工場見学会のご案内です。この見学会は、私どもの製造工場を見学して、新商品のご試食をお楽しみいただけるというものです。日時は12月3日（土）午後2時からで、場所は三鷹工場です。参加のご希望があれば11月末までにご連絡をお待ちしております」
4.「特別会員の方限定の工場見学会のご案内です。この見学会は、私どもの製造工場を見学して、新商品のご試食をお楽しみいただけるというもので、12月3日（土）午後2時から三鷹工場で開かれますので、参加のご希望があれば11月末までにご連絡をお待ちしております」

8 重要度★★★

伝達・説明・報告など、情報文を伝えるときは、わかりやすい「話の組み立て（話す順序）」を意識する必要があります。もしもし検定では、「1に件名、2に結論、3に詳細」の順序をおすすめしています。

設問の場合、「件名」は、「特別会員の方限定の、工場見学会のご案内」です。「結論（概要）」は、「私どもの製造工場を見学して、新商品のご試食をお楽しみいただける」です。「詳細」は、「日時・場所・申し込み締め切り」の３つの項目です。

１．× わかりやすい「話の組み立て（話す順序）」を意識せずに、情報を並べて、１センテンス（区切りがない状態）で言っています。長いセンテンスに多くの情報が含まれていると、聞き手は、情報を整理する必要があるため、わかりにくい伝え方です。

２．× １．と比べると、センテンスの長さが短くなり、「話の組み立て」を意識した伝え方です。しかし、「件名」よりも先に「結論（概要）」を伝えているため、聞き手に、やや唐突な印象を与えます。

３．○ 「1に件名、2に結論、3に詳細」の順で伝えています。「詳細」については、「日時・場所・申し込み締め切り」の3つの項目を立てているので、聞き手がメモを取りやすいです。

４．× 「件名」から伝えていますが、以降は、「話の組み立て」を意識しておらず、長いセンテンスになっています。

3

□**9** 新製品の特長について「話し言葉」で説明をする場合、どのコメントが一番わかりやすく伝わると考えられますか。次の中から1つ選びなさい。

1.「多くの機能を備えていて、デザインも新しく、素材が地球環境にやさしく、コンピューター制御なので省エネで、それでいてお値段も従来のものより安いという特長が5つもある新製品です」
2.「こちらの新製品は、多くの機能を備えていて、デザインも新しく、素材が地球環境にやさしく、コンピューター制御なので省エネで、それでいてお値段も従来のものより安いという特長があります」
3.「こちらの新製品は、5つの特長をもっています。多くの機能を備えていて、デザインも新しく、素材が地球環境にやさしく、コンピューター制御なので省エネで、それでいてお値段も従来のものより安いのです」
4.「こちらの新製品の特長を説明いたします。特長は5つあります。1つは多くの機能を備えていること。2つはデザインが新しいこと。3つは、素材が地球環境にやさしいこと。4つは、コンピューター制御なので省エネであること。5つは、それでいてお値段も従来のものより安いということです」

学習日 ／

9 重要度★★★

説明をするときは、できるだけ短いセンテンスで明快に表現することを心がけます。

その上で、まず、「何をこれから話すのか（件名）」を告げた後、一言で「それが何か（結論または全体像）」を言って、「詳しい部分（詳細）」を伝えるという順序（話の組み立て）が大切です。もしもし検定では、上記のように組み立てられた順序を「①件 ②結 ③詳細」と覚えて、応用するのをおすすめしています。

1．× 聞き手が何の話なのかわからないまま、いきなり多くの要素を並べて、文の最後に「5つの特長」という「全体像」を表す一言を言っています。わかりやすさを意識した「話の組み立て」ではありません。また、説明が1センテンスで、文が長過ぎるため、わかりにくい説明です。

2．× 「こちらの新製品は」と主語（主題）を最初に伝えています。しかし、「特長」については、多くの要素が1センテンスで述べられている上に、「特長は5つある」という、「全体像」を表す言葉を伝えていません。

3．× 最初に「5つの特長を持っている」と、「全体像」を表す言葉を言っています。しかし、その後に続く要素が長々と述べられていて、「話の組み立て」を意識していない説明です。

4．○ 「①件名②結論（全体像）③詳細」の順序（話の組み立て）になっています。短いセンテンスで、わかりやすく説明しています。

4

□**10** 文の意味は、言葉のまとまりをどう切るかによって変わります。「間違い電話をそうと知らずに、うっかり長話をしてしまったこと」を語るとき、次の4つの切り方の中で適切だと考えられるものを、1つ選びなさい。

1. 「私は、うっかりして間違ってかけてきた電話と、長話をしてしまいました」
2. 「私はうっかりして、間違ってかけてきた電話と、長話をしてしまいました」
3. 「私はうっかりして間違って、かけてきた電話と、長話をしてしまいました」
4. 「私はうっかりして間違ってかけてきた電話と、長話をしてしまいました」

学習日 ／

10 重要度★★★

1．× 「うっかりして間違ってかけてきた電話」がまとまっているため、「うっかり」していたのは「私」ではなく、「間違い電話をかけてきた人」という意味にとれます。

2．○ 「私はうっかりして」がまとまっているので、「うっかりしていたのは私」という意味にとれます。したがって、「間違い電話をそうと知らずに、うっかり長話をしてしまった」という意味の文を伝えるための、適切な切り方といえます。

3．× 「私はうっかりして間違って」がまとまっているため、「間違い電話と長話をしてしまった」という意味になりません。
3．の文の切り方では、「うっかりしていた私は間違って、ちょうどかかってきた電話と長話をした」という意味にとれます。

4．× 「私はうっかりして間違ってかけてきた電話」のように切れ目なく話すと、意味が伝わりにくいです。

口頭で伝えるときは、文の意味のまとまりを正しく捉え、連続（まとまり）と切断（切れ目）を、イントネーションの変化や間（ポーズ）のとり方で、的確に表現します。そうすることで、文の正確な意味が、相手に伝わりやすくなります。

2

□**11** 上司である課長に対しての「ものの言い方」として、最もふさわしいものはどれですか。次の選択肢の中から1つ選びなさい。

1.「今、少しお暇ですか」
2.「今、少し時間が空いていますか」
3.「今、少し大丈夫ですか」
4.「今、少しお時間よろしいですか」

□**12**「断る」「お願いする」「申し出る」「質問する」などのコミュニケーションでは、日本では相手の心を和らげる、いわゆるクッション言葉をよく使います。「○○しましょうか」「○○いたしましょうか」と申し出るとき、次の4つの中でふさわしいものはどれですか。1つ選びなさい。

1.「せっかくですが……」
2.「差し支えなければ……」
3.「お手数ですが……」
4.「つかぬことを伺いますが……」

学習日 ／

11 重要度★★★

1．× 「暇」という言葉は、上司に対する「ものの言い方」として、ふさわしくありません。

2．× 丁寧語が使われていますが、上司に対する「ものの言い方」としては、ややなれなれしく感じられます。

3．× 「大丈夫」が「OK」という意味で使われており、質問の内容が具体的ではありません。また、上司に対する「ものの言い方」としては、なれなれしく感じられます。

4．○ 「お時間よろしいですか」は、「お時間を割いていただいてもよろしいですか」という意味を省略した言い方です。目上に対して、よく使われる「ものの言い方」です。

4

12 重要度★★★

1．× 「せっかくですが」は、相手の依頼や願いを柔らかく「断る」場合に使うクッション言葉です。

2．○ 「差し支えなければ」は、「差し支えなければ私が伝言いたしましょうか」「差し支えなければお荷物をお持ちしましょうか」などのように、「申し出る」場合に使うクッション言葉です。また、「差し支えなければご事情をお聞かせください」などのように「質問をする」場合にも使います。

3．× 「お手数ですが」は、相手に仕事や作業を「お願いする」場合に使うクッション言葉です。

4．× 「つかぬことを伺いますが」は、「質問をする」場合に使うクッション言葉です。

したがって、正解は2．です。

2

□**13** 次の文のうち「あいまい文」はどれですか。次の中から1つ選びなさい。

1．私は子どもの頃から宇宙の神秘に魅せられていました。
2．来年の流行色は黄色だと昨日テレビで言っていました。
3．今日は中田さんと広瀬さんを見送りに成田まで行く予定です。
4．彼は日本百名山の踏破を目指してがんばっています。

□**14** 次の4つの文例の内、あいまいな言い方ではないものはどれですか。1つ選びなさい。

1．「今週中にはお渡しできると思います」
2．「本日正午から4人様で確かにご予約承りました」
3．「お調べしますのでしばらくお待ちください」
4．「少し長めにしておいていただけませんか」

学習日 ／

13 重要度★★★

正解は**3.** です。

「今日は中田さんと広瀬さんを見送りに成田まで行く予定です」という文は、「広瀬さんを見送るために、中田さんと二人で成田に行く」という場合と、「広瀬さんと中田さんの二人を見送るために、成田まで行く」という場合の、どちらともとれる「あいまい文」です。

14 重要度★★★

1. × 「今週中」は、あいまいな言い方です。あいまいではない言い方にすると、「5日の正午までにはお渡しいたします」などとなります。
2. ○ あいまいな言い方ではありません。
3. × 「しばらく」は、あいまいな言い方です。あいまいではない言い方にすると、「2、3分お待ちください」などとなります。
4. × 「少し長め」は、あいまいな言い方です。あいまいではない言い方にすると、「1センチ長くしていただけませんか」などとなります。

1 日本語

□**15** 次の質問の中で、相手の「気持ち」を聞いているのはどれですか。次の中から1つ選びなさい。

1.「ご家族は何人ですか」
2.「君の作ったプランはどんなものですか」
3.「この商品の利点は何だと思いますか」
4.「新しい住居の住み心地はいかがですか」

□**16** 相手に何を「訊く（きく）」かを、事実（事柄）・意見・感情の3つに分けるとすれば、意見を訊いているのはどれですか。次の中から1つ選びなさい。

1.「ご旅行は、どちら方面をご希望ですか」
2.「どのくらいの日数を考えていらっしゃいますか」
3.「このプランについてはどうお感じになりましたか」
4.「どのような理由から、気に入っていただけたのですか」

15 重要度★★

質問文には、さまざまな言い方があります。しかし、「何を訊く（きく）のか」という点で大きく分けると、「客観的な事柄（事実）」、「考え（意見）」、「感情（気持ち）」の３つになります。

1．× 相手の家族の人数を訊いています。したがって、「客観的な事柄（事実）」に関する質問に当てはまります。

2．× 相手のプランを訊いています。したがって、「客観的な事柄（事実）」に関する質問に当てはまります。

3．× 相手が分析した結果を訊いています。したがって、「考え（意見）」に関する質問に当てはまります（「思いますか」という言い方をしていますが、「感情〔気持ち〕」を訊く質問ではありません）。

4．○ 相手の心地を訊いているので、「感情（気持ち）」を訊く質問です。

4

15 重要度★★

1．× 「方面」を訊いています。したがって、事実（事柄）を訊く質問です。

2．× 「日数」を訊いています。したがって、事実（事柄）を訊く質問です。

3．× 「どうお感じになりましたか」は、感情や印象を訊いています。したがって、感情を訊く質問です。

4．○ 「理由」を訊いています。したがって、意見を訊く質問です。ただし、「気に入ったかどうか」だけを尋ねる場合は、感情を訊く質問になります。

4

□**17** コミュニケーションの行為「きく」には3つのタイプ「聞く・聴く・訊く」があると言われます。このうち「訊く（きく）」は現在、常用漢字表の読み方としては使われていませんが、「質問する」「問う」という意味です。
「訊く」の意味や心得を述べた次の選択肢の中で、適切でないものはどれですか。1つ選びなさい。

1. 「訊く」ことは、相手の情報や意思などを尊重することで、ひいては相手を尊重することにつながる。
2. 「訊く」ことは、自分の無知や未熟さをさらけだしたり、厚かましいと思われるので、なるべく控えるべきである。
3. 「訊く」ことは、つじつまが合わない論理や隠ぺいしたいことを糾（ただ）し、あばいたりする力があって、時には相手を攻撃することにもなるので、配慮が必要である。
4. 「訊く」ことは、「問う」ことであり、訊く方も訊かれる方も、問題の整理や解決につながり、人間的成長に欠かせない行為である。

□**18** 「聞く」、「聴く」、「訊く」という3つの「きく」の使い方で適切でないものはどれですか。次の中から1つ選びなさい。

1. 栄冠を手にするまでの体験談にみな聴き入っていた。
2. あの先生の話はいつも同じだから適当に聞き流しておく。
3. 近々社長の交代がある、という噂を聴いたよ。
4. 部長に挨拶をお願いできるか訊いておいてくれ。

学習日　／

17 重要度★★

日本人にとって「訊く」という行為は、「気が引ける」などと感じる人も多く、比較的苦手なコミュニケーションの一つです。

しかし、「訊く」ことは、**1.** のように「相手の情報や意思を尊重すること」であり、**4.** のように、「気づきを与え、課題の整理や学びの契機を与えることで、人間の成長を促進させるもの」です。また、「訊く」という行為は、場合によっては**3.** のように、心理的な圧迫感を与えたり、攻撃的（アグレッシブ）に受け取られることもあるため、相手に配慮するのも大切です。

2. は「訊く」という行為を否定的に述べている上に、「なるべく控えるべき」と、消極的な態度をすすめています。良いコミュニケーションのためには、ふさわしくない考え方です。

したがって、正解は**2.** です。

2

18 重要度★★

「聞く」は、一般に、「音としてきく」という場合に使います。

「聴く」は、「集中して身を入れてきく」という場合に使います。

「訊く」は、「聴いたことから、さらに深くきく（尋ねる）」という場合に使います。

以上の3つの「きく」の解釈から考えると、**3.** の「噂をきく」の「きく」は、「聞く」を使うのが適切です。したがって、正解は**3.** です。

3

□**19** 日常、「しっかり聴く習慣」を身につけると、人間関係にも良い影響を与えると言われます。次の4つの選択肢の中で、「しっかり聴く習慣」の効用として当てはまらないものはどれですか。1つ選びなさい。

1. 情報が自然に集まるようになる。
2. 真実の情報をつかめるようになる。
3. 職場で信頼されるようになる。
4. 仲間から好かれるようになる。

□**20**「きく」には3つのタイプがあるとされています。①表面的に音として「聞く（hear)」、②意識して身を入れて「聴く（listen)」、③疑問点などを「訊く（ask)」の3タイプです。以下の4文例のうち、②の「聴く（listen)」のタイプはどれですか。次の中から1つ選びなさい。

1. 今から予約がとれるかどうか電話してきいてみたら？
2. 彼女が転職を決意した訳をあなたからきいてみてよ。
3. 朝からきこえてくる賑やかな鳥のさえずりで起こされる。
4. このクラスの生徒は私の話をよくきいてくれるので話しやすい。

19 重要度★★

「しっかり聴く習慣」には、さまざまな効用があります。

1．○　「情報が自然に集まるようになる」は、相手の話をしっかり聴いて、確かに受け止めることによる効用と考えられます。

2．×　「真実の情報をつかめるようになる」は、相手の話をしっかり聴くことによる効用とは言えません。

3．○　「職場で信頼されるようになる」は、相手の話をしっかり聴くことによって、コミュニケーションの間違いが減ることによる効用と考えられます。

4．○　「仲間から好かれるようになる」は、相手の話をしっかり聴くことによる効用と考えられます。人は、よく聴いてくれる相手に共感や親近感を抱くようになります。

2

20 重要度★★

1．×　③疑問点などを「訊く（ask)」に当てはまります。

2．×　③疑問点などを「訊く（ask)」に当てはまります（「不足情報を訊き出して話を深める」という意味の「訊く」です)。

3．×　①表面的に音として「聞く（hear)」に当てはまります。

4．○　②意識して身を入れて「聴く（listen)」に当てはまります。

4

□**21** 朝9時に出社したら、来客の人に廊下ですれ違ったとき、次のような挨拶をしようと思います。一般的にふさわしいのはどれですか。1つ選びなさい。

1.「お疲れ様です」
2.「ご苦労様です」
3.「おはようございます」
4.「こんにちは」

21 重要度★★

一般的に、来客には「いらっしゃいませ」と声をかけます。しかし、時間帯によって、ふさわしい挨拶が異なる場合もあります。

1．× 一日を通して、相手が来客か自社の者かは関係なく、「お疲れ様です」が使われる場合があります。しかし、朝の9時という早い時間に、相手を労う言葉をかけるのは、時間帯に合っているとはいえません。

2．× 「ご苦労様です」は、相手を労う言葉であるため、朝の9時には合わない挨拶です。また、来客は立てるべき相手です。「ご苦労様です」という言葉を、偉そうな言い方だと感じ、相手が不快に思う可能性があります。したがって、来客にかける言葉としては、問題があります。

3．○ 昼までの時間帯なら、挨拶は「おはようございます」が無難です。張りのある声で、さわやかに言うと同時に、「おはようございます。お世話になります」や「おはようございます。いらっしゃいませ」などと、「おはようございます」のほかに何か一言添えると、さらに良い挨拶になります。

4．× 「こんにちは」は、午前から夕方まで使える挨拶です。しかし、すべての来客にふさわしいとは限りません。「こんにちは」だけだと、少しなれなれしいと思われることがあるため、注意が必要です。

3

□**22** 次に7つ挙げた「あいさつ」の言葉の中で、敬語が使われていない言葉はいくつありますか。次の選択肢の中から1つ選びなさい。

ア.「おはようございます」 **イ.**「こんにちは」
ウ.「こんばんは」 **エ.**「行ってまいります」
オ.「行ってらっしゃい」 **カ.**「ただ今」
キ.「お帰りなさい」

【選択肢】
1．2つ
2．3つ
3．4つ
4．5つ

22 重要度★★

ア．〇　「おはよう」の「お」は尊敬語です。また、「ございます」をつけて、丁寧に言っています。

イ．×　敬語が使われていない言葉です。

ウ．×　敬語が使われていない言葉です。

エ．〇　「行ってまいります」の「ます」は、丁寧語です。

オ．〇　「行ってらっしゃい」は、「行っていらっしゃい」が詰まった言い方です。「いらっしゃい」は「いらっしゃる（尊敬語）」の命令形です。

カ．×　敬語が使われていない言葉です。

キ．〇　「お帰りなさい」は、「お～なさる」型（尊敬語）の命令形です。

敬語が使われていない言葉は３つなので、正解は**2.** です。

「こんにちは」「こんばんは」「ただ今」には敬語の成分がないので、「こんにちは」「こんばんは」は「お疲れ様です」と言い、「ただ今」は「ただ今戻りました」と言うようにと指導を受けることがあります。しかし、ビジネスでも親しい間柄であれば、たとえ敬語の成分が省略されていても、気持ちのこもった言い方でカバーできる場合があります。

2

□**23** あなたがお客様にかけた言葉です。尊敬語として間違っているものはどれですか。次の中から1つ選びなさい。

1．「どうぞご利用になってください」
2．「どうぞ拝見なさってください」
3．「どうぞお気軽にお越しください」
4．「どうぞ召し上がってください」

□**24** ビジネスの世界では、上司やお客様に「わかりました」と答えるとき、敬意を伝える必要があります。その意味で、次の選択肢の中で問題のある言い方があります。1つ選びなさい。

1．「かしこまりました」
2．「了解しました」
3．「承りました」
4．「承知しました」

学習日 ／

23 重要度★★★

2．の「拝見」は、「見る」の謙譲語です。謙譲語は、相手の動作（行為）に使いません。

正しくは、「どうぞご覧になってください」と言います。

2

24 重要度★★★

1．○　問題のない言い方です。

2．×　「了解」という言葉は、敬語ではありません。「了解しました」は、同僚や目下の人には使えますが、上司やお客様などに使うと、相手が不快感を抱く場合があります。したがって、問題のある言い方です。「了解いたしました」と、謙譲語をつけても、上司やお客様には使えません。

3．○　問題のない言い方です。

4．○　問題のない言い方です。

2

ワンポイントアドバイス

尊敬語・謙譲語

尊敬語　：相手（側）や第三者の行為・物事・状態などについて、その人物（登場人物・関与人物）を立てて述べるもの。

謙譲語Ⅰ：自分（側）から、相手（側）・第三者に向かう行為・物事などについて、その向かう先の人（登場人物・関与人物）を立てて述べるもの。

謙譲語Ⅱ：自分（側）まれに第三者の行為・物事などを、話や文章の相手（対話人物）に対して丁重に述べるもの。

□**25** 次の選択肢の中で敬語の使い方が間違っているものがあります。どれですか。1つ選びなさい。

1.「お客様が受付でお待ちになっております」
2.「お客様が受付でお待ちになっています」
3.「お客様が受付で待っていらっしゃいます」
4.「お客様が受付でお待ちです」

25 重要度★★★

1．× お客様（立てるべき相手）が主語になる動作である「待つ」に、「お（ご）～になる」という尊敬語のパターンを用いています。しかし、文末の「おります」は、「いる」の謙譲表現です。尊敬語と謙譲語を併せて用いるのは、間違いです。また、別の言い方をするとき、「おられます」と言いたくなりますが、共通語の現代敬語では、「おられます」は尊敬語ではありません。

2．○ 「お待ちになっています」は、「お（ご）～になる」の尊敬語のパターンに、丁寧語の「います」がついた形です。問題のない言い方です。

3．○ 「待って」には、敬語が用いられていません。しかし、「～ている」を「～ていらっしゃる」と言っているので、尊敬語として問題ありません。

4．○ 「お待ちです」は、尊敬表現です。「お（ご）～です」という言い方は、「お帰りです」「ご帰宅です」のように、和語の動詞でも漢語の動詞でも用います。

1

□**26** 敬語の表現には、接頭語の「お」や「ご」を言葉につけることがあります。その一般的な決まりや傾向について述べた4つの選択肢のうち、間違っているものが1つあります。どれですか。次の中から1つ選びなさい。

1．カタカナ語には、原則、「お」も「ご」もつけない。
2．長い複合語には、つきにくい傾向がある。
3．「お」でも「ご」でも、どちらでもよい言葉はない。
4．「お・ご」で始まる言葉には、接頭語の「お」や「ご」がつきにくい。

26 重要度★

接頭語の「お」や「ご」を用いるときの原則は、「『お』は和語につける」、「『ご』は漢語につける」、「カタカナ語には『お』も『ご』もつけない」です。

しかし、漢語でも「お」がつく言葉や（例：「お便り」、「お名前」）、和語でも「ご」がつく言葉があるなど（例：「ごゆっくり」、「ごもっとも」）、例外も増えています。

接頭語の「お」や「ご」がつきにくい言葉は、傾向として、「『お』『ご』で始まる言葉」、「長めの複合語」、「公共物の言葉」、「マイナスイメージの言葉」などです（ただし、例外もあります）。

1．○　正しい記述です。「おビール」「おメール」などのように、接頭語の「お」や「ご」をカタカナ語につけるのは、本来の用い方ではありません。

2．○　正しい記述です。たとえば、「お玄関」「お電話」ならば問題ありませんが、「お正面玄関」「お携帯電話」とは言いません。

3．×　間違った記述です。たとえば、「返事」「勉強」「通知」などは、接頭語の「お」と「ご」のうち、どちらを用いても問題のない言葉です。

4．○　正しい記述です。たとえば、「お女の子」「お帯」「おごぼう」「ご碁盤」などとは言いません。ただし、少数ですが、例外もあります（「お教え」「お送り」など）。

3

□**27** 一つの文の中に、多数の敬語の要素を入れすぎると、簡潔さを目指す敬語表現になりません。同じ趣旨を伝える次の4つの選択肢の中で、どれが最もふさわしい敬語の使い方でしょうか。次の中から1つ選びなさい。

1.「道に、お迷いになりやすいので、ご注意なさって、お越しください」
2.「道に、お迷いになりやすいので、注意して、来てください」
3.「道に、迷いやすいので、ご注意なさって、来てください」
4.「道に、迷いやすいので、注意して、お越しください」

27 重要度★★★

文の中に敬語要素がたくさんある場合、すべての部分に敬語を使うのは、文全体がくどくなるため、避けます。

敬語を使うときに大切なのは、文の最後の要素です。文のはじめの部分や、中間の部分だけに敬語を使っても、全体に敬意が及びません。「敬語は、文の最後の部分を最も重視する」という原則を知っておいてください。

1．× すべての部分に敬語を使っています。文全体がくどく、ふさわしい敬語の使い方とはいえません。

2．× 「お迷いになりやすい」だけが敬語表現です。文の最後に敬語が使われていないため、文全体に敬意が及んでいません。したがって、ふさわしい敬語の使い方とはいえません。

3．× 「ご注意なさって」だけが敬語表現です。文の最後に敬語が使われていないため、文全体に敬意が及んでいません。したがって、ふさわしい敬語の使い方とはいえません。

4．○ 文の最後の要素「お越しください」だけが敬語表現になっています。簡潔で、かつ、敬意が十分に伝わる言い方です。

4

□**28** 敬語の表現として正しいものはどれですか。次の中から1つ選びなさい。

1.「ご参加をください」
2.「ご参加ください」
3.「ご参加してください」
4.「ご参加されてください」

学習日 ／

28 重要度★★★

尊敬表現のパターンで、「お（ご）○○くださる（ください）」の○○の部分は、和語動詞の連用形か、漢語サ変動詞の語幹が入ります（例：「お教えください」「お乗りください」「ご支援ください」「ご利用ください」）。

1．× 「参加」は「参加する」という動詞の語幹です。よって、「ご参加をください」の「を」は、必要ありません。

2．○ 正しい言い方です。

3．× 「ご参加して」という部分が、「お（ご）○○する」という謙譲のパターンになっています。相手の動作・行為に謙譲語を使うのは、誤りです。

4．× 「ご参加されて」は、謙譲のパターン（「お（ご）○○する」）の中に、尊敬の助動詞「れる」がついているため、文法的に矛盾しています。謙譲表現と尊敬表現の同時使用は避けます。

2

□**29** 敬語の文法から見て、間違った表現が1つあります。どれですか。ただし、敬意が高いか低いかは問いません。

1.「どうぞ、ご注意してください」
2.「どうぞ、注意してください」
3.「どうぞ、ご注意ください」
4.「どうぞ、ご注意なさってください」

□**30**「もらう」という表現は、そのままでは敬語ではありません。「話してもらえませんか」の意味を変えずに敬語表現にする場合、次の中で不適切なものはどれですか。1つ選びなさい。

1.「話してくれませんか」
2.「話していただけませんか」
3.「話してくださいませんか」
4.「お話し願えませんか」

29 重要度★★★

1．× 「ご注意してください」は、相手の行為を「ご（お）〇〇する」という謙譲のパターンで言った後、「ください」という尊敬語が使われているため、矛盾した表現です。正しい言い方は、「して」をとって、「ご注意ください」です。

2．〇 選択肢の中では、比較的敬意が低い言い方ですが、文法的には間違っていません。

3．〇 「ご（お）〇〇ください」という尊敬のパターンが、正しく使われています。設問のような場合、「ご（お）〇〇ください」の〇〇には名詞形が入ります。

4．〇 「ご（お）〇〇なさってください」という尊敬のパターンが、正しく使われています。選択肢の中では、最も敬意が高い表現です。

1

30 重要度★★★

1．× 「話してくれませんか」は、「くれる」が普通動詞なので、敬語表現としては不適切です。

2．〇 適切な敬語表現です。

3．〇 適切な敬語表現です。

4．〇 適切な敬語表現です。

「くれる」「もらう」は敬語表現ではありません。「くれる」の敬語表現は「くださる」、「もらう」の敬語表現は「いただく」などです。

また、「お〇〇願う」というパターンも、少し古い言い方ですが、敬意が高い表現であり、不適切ではありません。

1

□**31** 立てるべき相手に敬意がよく伝わらない言い方はどれですか。1つ選びなさい。

1.「請求書を持ってまいりました」
2.「請求書をお持ちしました」
3.「請求書を持ってきました」
4.「請求書を持参いたしました」

学習日 ／

31 重要度★★★

1．○　「まいる（参る）」という謙譲語が適切に使われています。

2．○　「お（ご）～する」という謙譲のパターンが適切に使われています。自らを低めることで相手を立てています。

3．×　「ました」を使って、相手に対して丁寧に話しています。しかし、ビジネスの場面において「です・ます体（丁寧体）」は、立場の上下に関係なく使われます。そのため、「請求書を持ってきました」という言い方の場合、相手に対する敬意が十分に伝わらない可能性があります。

4．○　「持参」は、もともとは謙譲語でした。そのため、自分側が使っても問題はなく、相手に対する敬意が感じられる言葉です。ただし、近年は謙譲の意味が薄れてきて、「ご持参ください」のように、お客様など、立てるべき相手の行為にも用いられる場合があります。ほかに、「ご参加ください」「お申し込みください」なども、相手の行為に用いても問題ありません。

ワンポイントアドバイス

「申」「参」の入った言葉

①相手の行為に使える（普通動詞）

「申し込む」「申し合わせる」「申し立てる」「参加する」「参観する」「参列する」などの動詞と、その名詞形は、相手の行為に使えます。理由は、「申す」は「言う」、「参る」は「行く」と同じ普通動詞の扱いとみなされるからです。

②相手の行為に使えない（謙譲動詞）

「申し上げる」「申し伝える」「参上する」などは、謙譲動詞であるため、相手の行為に使えません。

□**32** お客様への敬語の使い方で、間違っているのはどれですか。次の中から1つ選びなさい。

1.「別の物とお取替えになりますか？」
2.「別の物とお取替えされますか？」
3.「別の物と取替えられますか？」
4.「別の物とお取替えなさいますか？」

□**33** 車を運転して来社しようとしているお客様に、駐車できるかどうかを電話で尋ねられました。「駐車することが可能である」ことを伝える場合、問題のない言い方はどれですか。次の中から1つ選びなさい。

1.「お車はお停めできます」
2.「お車はお停めになれます」
3.「お車は停めれます」
4.「お車はお停められます」

32 重要度★★★

1．○　尊敬表現の「なる敬語」のパターンである「お（ご）～になる」が、適切に使われています。したがって、問題ありません。

2．×　謙譲表現のパターン「お（ご）～する」に、尊敬の助動詞「れる」がついており、矛盾した言い方です。

3．○　尊敬の助動詞「れる」がついた「れる敬語」が、適切に使われています。したがって、問題ありません。

4．○　少し古い言い方ですが、尊敬表現のパターン「お（ご）～なさる」が適切に使われています。したがって、問題ありません。

2

33 重要度★★★

1．×　「できる」は「する」の可能形です。よって、「お（ご）～できます」という表現は、「お（ご）～する」と同じ謙譲語のパターンです。したがって、相手の行為には使いません。

2．○　「お（ご）～になる」という尊敬語のパターンで表現されており、問題ありません。

3．×　「お車は停めれます」は、「ら抜き言葉」です。

4．×　可能の助動詞「れる」の前には、敬意を表す接頭語「お」はつきません。「お車は停められます」ならば問題ありません。

□**34** ある会合で司会者に紹介されてスピーチを始めようという場面、冒頭の言い方で敬語に問題がないのはどれですか。次の中から1つ選びなさい。

1.「今、司会の方がご紹介してくださった○○です」
2.「今、司会の方から紹介してもらった○○です」
3.「今、司会の方が紹介してくれた○○です」
4.「今、司会の方からご紹介いただいた○○です」

34 重要度★★★

「司会の方」への敬意の伝え方に関する問題です。設問のような場合は、尊敬表現または謙譲表現のどちらかを用いて、立てるべき人（司会の方）に敬意を伝えます。

1．× 「ご紹介して」は、司会の方（立てるべき人）の行為に「お（ご）～する」という謙譲の表現を用いているため、誤りです。正しい言い方は、「司会の方が紹介してくださった」のように「ご」を取るか、または、「司会の方がご紹介くださった」のように「して」を取ります。

2．× 「もらった」は、敬語の動詞ではなく普通語です。したがって、敬意が不足している言い方です。

3．× 「くれた」は、敬語の動詞ではなく普通語です。したがって、敬意が不足している言い方です。

4．○ 「お（ご）～いただく」という謙譲のパターンが使われています。「お（ご）～いただく」は、自分を相手よりも低めることによって、結果的に相手を立てる言い方（謙譲語Ⅰ）です。したがって、立てるべき「司会の方」に、的確に敬意が伝わります。

4

□**35** 新人の頃に世話になった先輩が、海外転勤から2年ぶりに日本に戻ってきました。あなたはその先輩にどのような声かけをしますか。次のうち適切でない言い方が1つあります。どれですか。次の中から選びなさい。

1.「先輩、お帰りなさい。大変でしたねえ」
2.「先輩、お疲れになったでしょう」
3.「先輩、長い間ご苦労様でした」
4.「先輩、またお世話になります」

□**36** 謙譲語には、接頭語や接尾語をつけ、自分側の人間やものごとを謙譲語に変えて相手を立てる言葉が何種類かあります。次のうち1つだけ接頭語の例に当てはまらない言葉があります。どれですか。

1. 拙著
2. 愚息
3. 粗末
4. 弊社

学習日 ／

35 重要度★★★

昔、殿様は家来の労苦に対して「苦労であった」「大義であった」などの言葉をかけて労いました。つまり、「ご苦労様」という労いの言葉は、立場が上の人から下の人に向けて言う言葉です。立場が下の人から上の人に向けて言う言葉ではありません。したがって、正解は3．です。

似た意味をもつ労いの言葉として「お疲れ様」がありますが、時代の変化により、部下が上司に「お疲れ様でした」と声かけをする光景は、今では普通となりました。しかし、「ご苦労様」は、「立場が下の人から上の人に向けて使わない」という習慣が一般化して、今も続いています。

3

36 重要度★★

1．○　接頭語は「拙」です。「拙」が接頭語の言葉は、ほかに「拙文」「拙宅」「拙者」などがあります。

2．○　接頭語は「愚」です。「愚」が接頭語の言葉は、ほかに「愚見」「愚策」「愚作」などがあります。

3．×　「粗末」の「粗」は、接頭語としての「粗」ではありません。「粗」が接頭語の言葉は、「粗品」「粗茶」などです。

4．○　接頭語は「弊」です。「弊」が接頭語の言葉は、ほかに「弊店」「弊誌」「弊紙」などがあります。

以上のほかに、「寸」が接頭語の「寸志」、「小」が接頭語の「小職」「小生」、「薄」が接頭語の「薄謝」などがあります。

また、接尾語の例としては、「～ども」「～め」などがあります。

3

□**37** 下線のように敬語を使いましたが､1つだけ正しく、ほかは間違った使い方です。正しいものはどれですか。1つ選びなさい。

1.「担当の係はこちらですが、この情報はだれに伺いましたか？」
2.「返品には応じられないことを存じていましたか？」
3.「親戚の者だと申す方からのお電話ですよ」
4.「大分冷え込んで参りましたので、温かくしてお出かけください」

□**38** 慣用句は、長い間決まった言い方で言われてきたものです。漢字の部分を自分流で読むと慣用句でなくなります。次の慣用句を（　）の中のように読むべきものはどれですか。1つ選びなさい。

1. 野（や）に下る
2. 夜（よる）を徹して
3. 煙（けむり）に巻く
4. 身を粉（こな）にして

37 重要度★★★

1．× 正しくは、「お聞きになりましたか？」「お尋ねになりましたか？」のように、尊敬表現にします。

2．× 正しくは、「ご存じでしたか？」のように、尊敬表現にします。「存じる」は謙譲語で、「ご存じ」は尊敬語です。

3．× 正しくは、「おっしゃる方から」のように、尊敬表現にします。

4．○ 「冷え込んで参りました」の「参る」は、対話の相手に対して、自然の現象（気候の変化）を丁寧に述べる言葉です。「参る」は、「タクシーが参りました」「木々が色づいて参りました」などの使い方があります。

「伺う」「存じる」「申す」「参る」はいずれも謙譲語です。謙譲語を相手の行為（動詞）に使うのは、間違いです。

4

38 重要度★

1．○ 正しい読み方です。「野」を「の」と読むと間違いです。「政治家などが、公職を退いて私人の立場になる」という意味の慣用句です。「下野（げや）する」とも言います。

2．× 正しくは、「夜（よ）を徹して」です。一晩中寝ないで何かをすることを表す慣用句で、「徹夜（てつや）をする」と同じ意味です。

3．× 正しくは、「煙（けむ）に巻く」です。「相手の意表を突いたりして話をうやむやにする」という意味です。ただし、「（火事などで）煙に包まれる」など、慣用句ではない場合の「煙」の読み方は、「けむり」です。

4．× 正しくは、「身を粉（こ）にして」です。「骨惜しみをしないで全力で働く」という意味です。

1

□**39** 慣用句の中で「頭」「首」が入っている言葉は多いので、間違って使うことがあります。次の4つの組み合わせの中で、慣用句として、同じ意味でなくても、「頭」「首」の両方が用いられるものが1つあります。どれですか。次の中から1つ選びなさい。

1．頭が回らない　首が回らない
2．頭をかしげる　首をかしげる
3．頭を絞る　首を絞る
4．頭を切り替える　首を切り替える

□**40** 次の慣用句は「タカ」という言葉が使われています。鳥のタカ（鷹）であるのはどれでしょう。次の中から1つ選びなさい。

1．タカみの見物
2．一富士二タカ三茄子
3．タカが知れる
4．タカを括る

学習日 ／

39 重要度★

1．○　「頭が回らない」の意味は、「思考力が鈍っている」、「アイデアが思いつかない」などです。「首が回らない」の意味は、「借金が増えてやりくりができない」などです。それぞれ意味は違いますが、「頭」「首」の慣用句としてよく使われます。

2．×　「首をかしげる」は「不思議に思う」などの意味の慣用句です。しかし、「頭をかしげる」は慣用句ではなく誤用です。

3．×　「頭を絞る」は、「苦労しながら懸命に考える」などの意味の慣用句です。しかし、「首を絞る」は慣用句ではなく誤用です。

4．×　「頭を切り替える」は、「発想を変える」というような意味の慣用句です。しかし、「首を切り替える」は慣用句ではなく誤用です。

1

40 重要度★

1．は、「高みの見物」です。「事件の成り行きなどを、第三者的な立場で興味本位に眺めること」という意味です。

2．は、「一富士、二鷹、三茄子（なすび）」です。夢（特に、新年の初夢）に見ると縁起の良いものを並べて言う言葉です。

3．は、「高が知れる」です。「たいしたものではないとわかっている」という意味です。

4．は、「高を括る」です。「見くびる」「あなどる」という意味です。

3．と4．の「高」は、「ねうち」という意味です。

2

□**41**「参」という文字を使った熟語はたくさんあります。以下の4つの文例の内、1つを除いては、その使い方が適切ではありません、適切に使われているものはどれですか。選びなさい。

1.「次回のWeb会議には参列していただけますか」
2.「間もなく決勝が始まります。選手は速やかに参上してください」
3.「お父様方も、ぜひお子さんの授業を参観なさってください」
4.「本県で初めてできた車椅子ラグビー部に、ぜひ参入しませんか」

□**42**「雨天順延」の「順延」の使い方で、正しいものはどれですか。次の中から1つ選びなさい。

1.「運動会は雨のため明日に順延になりました」
2.「運動会は雨のため明後日に順延になりました」
3.「運動会は雨のため来月3日に順延になりました」
4.「運動会は雨のため1週間後に順延になりました」

学習日 ／

41 重要度★★

1．× 「参列」とは、ほかの人と一緒に、式典などに列席することです。「会議に参列する」とは言いません。したがって、適切ではない使い方です。

2．× 「参上」とは、立場が上の人の元へ伺うことです。したがって、適切ではない使い方です。

3．○ 「参観」とは、何かが行われているところに行って、実際に見ることです。したがって、適切な使い方です。

4．× 「参入」とは、「企業が参入する」などの用例が多く、「個人が部に参入する」とは言いません。したがって、適切ではない使い方です。この場合にふさわしい言い方は、「参加する」です。

3

42 重要度★★

「順延」は、今日がだめなら明日に、明日がだめなら明後日にと、順繰りに期日を延ばす場合に使います。

2日後、1週間後、1カ月後などに期日を延ばす場合は、「延期する」を使います。

1

1 日本語

□**43** 数字の「0」は、「レイ」と言ったり「ゼロ」と言ったりします。次の言葉で、一般的に「レイ」と言うのはどれですか。1つ選びなさい。

1．0からのスタート
2．3勝0敗（スポーツの成績）
3．海抜0メートル地帯
4．0歳児

43 重要度★★

1. ○ 「ゼロ」と読む例です。
2. × 「3」の読み方が「スリー」ではなく「サン」(日本語の読み方)ならば、「0」の読み方も「レイ」が自然です。
3. ○ 「ゼロ」と読む例です。
4. ○ 「ゼロ」と読む例です。

原則として、数字の「0」の読み方は、日本語では「レイ」です。ただし、「収穫は0でした」などのように、「無い」「皆無」という意味の場合は「ゼロ」と読んでも問題ありません。

また、電話応対などで、数字の「0」を読む際は、「レイ」と読むよりも「ゼロ」と読んだ方が聞き間違いが少ないため、相手が聞き取りやすいように「ゼロ」と読んでも問題ありません。

ワンポイントアドバイス

数字の読み方

【0】:「ゼロ」(英語)
「レイ」(日本語)

【4】:「シ」(例:四十肩、四天王、四半世紀)
「ヨン」(例:24金)

【7】:「シチ」(例:七転八倒、七福神、七変化)
「ナナ」(例:七転び八起き、七草、七光り)

【9】:「キュー」(例:九牛の一毛、九死に一生、三拝九拝)
「ク」(例:九分九厘、三三九度、十中八九)

□**44** 次の「四」の数字の部分を、一般的に「シ」と読まない言葉はどれですか。次の中から1つ選びなさい。

1．四分音符
2．第四種郵便物
3．二十四節気
4．弦楽四重奏

44 重要度★★

1．は「四分音符（しぶおんぷ）」、2．は「第四種郵便物（だいよんしゅゆうびんぶつ）」（通信教育や点字の出版物など、対象の郵便物のこと）、3．は「二十四節気（にじゅうしせっき）」、4．は「弦楽四重奏（げんがくしじゅうそう）」と読みます。

したがって、正解は2．です。

「ひとつ、ふたつ、みっつ、よっつ……」や「ひい、ふう、みい、よう……」と数えるのは日本語由来の数え方で、「いち、に、さん、し……」は中国語由来の数え方です。

数字が入った言葉の、数字の部分の読み方は複数あり、その決まりは、明確ではありません。

たとえば、「4・四」の読み方の場合、数えるときは「よん」と読み、定まった用語に含まれるときは「し」と読む傾向があります。ただし、助数詞によっては、「よん」ではなく「よ」と読むなどの例外もあり、読み方が微妙に変化するため、注意が必要です。

「よん」と読む言葉：「4大タイトル」、「四大陸選手権」、「四駆」など。

「し」と読む言葉　：「四天王」、「四季」、「四十九日」など。

2

□**45** 日本語にカタカナ語が占める割合が増えています。なるべく原音に近い読み方をするべきですが、中でも濁る音と濁らない音が正確でないことが多いようです。濁って読むべき言葉の例を挙げた選択肢の中で、正しくないものはどれですか。次の中から1つ選びなさい。

1. 「金銀銅のメタルを獲得した」の「メタル」の「タ」は「ダ」と濁る。
2. 「ハイブリット・カーに乗っている」の「ハイブリット」の「ト」 は「ド」と濁る。
3. 「ティーバックで紅茶を淹れる」の「ティーバック」の「ク」は「グ」と濁る。
4. 「恐ろしいチフスが大流行した」の「チフス」の「フ」は「ブ」と濁る。

□**46** 文を書き表すとき、「。」を「まる」、「、」を「てん」と言うことが多いようですが、正式な名称は何でしょうか。次の選択肢のうち、正しい記述を次の中から1つ選びなさい。

1. 「。」のみを指すときは「読点（とうてん）」と言う。
2. 「、」のみを指すときは「句点（くてん）」と言う。
3. 「、」や「。」をまとめて指す言葉は特にない。
4. 「、」や「。」をまとめて指す言葉は「句読点」と言う。

学習日 ／

45 重要度★★

カタカナ語は、外国語を日本語に取り入れたものです。

カタカナ語の読み方は、日本語の発音傾向の影響や、似ている言葉の発音の影響を受ける場合があります。

1．○　「賞」や「記念の記章」を表す言葉は、「メダル」です。「メタル」は、「金属」を表す言葉です。

2．○　原語は「hybrid」なので、「ハイブリッド」です。「雑種、混成」という意味の言葉です。

3．○　「（紅茶などの）小さな袋」という意味なので、「バック」ではなく、「バッグ（bag）」です。

4．×　原語は、ドイツ語の「typhus」なので、「チブス」と濁るのは間違いです。

したがって、正解は**4．**です。

4

46 重要度★

正式には「、」は「読点（とうてん）」、「。」は「句点（くてん）」と言います。また、両方をまとめて「句読点（くとうてん）」と言います。

したがって、正解は**4．**です。

4

□**47** 国民の祝日に関して、選択肢の中で正しい記述はどれですか。次の中から1つ選びなさい。

1．成人の日は、毎年1月15日である。
2．天皇誕生日は、令和の間は、毎年2月23日である。
3．原爆記念日は、毎年8月6日である。
4．敬老の日は、毎年9月15日である。

47 重要度★★

1．× 「成人の日」は、1月の第2月曜日と決められています。そのため、日付は、年によって変動します。

2．○ 「天皇誕生日」は、時の天皇の誕生日なので、時代によって変動します。令和時代は2月23日です。したがって、正しい記述です。

3．× 「原爆記念日」という国民の祝日はありません。しかし、毎年8月6日を「広島原爆の日」として、8月9日を「長崎原爆の日」として、慰霊の行事が行われています。

4．× 「敬老の日」は、9月の第3月曜日と決められています。そのため、日付は、年によって変動します。

現在、国民の祝日は1年に16日あります。この内訳は、日付が固定しているものが10日、曜日の決まりがあるものが4日、天文台で定める日（春分の日・秋分の日）が2日あります。実際は、これに振替休日がプラスされます（※法律の改正などにより、国民の祝日や休日が変更になる場合があります）。

国民の祝日は、カレンダー上では、年によって、日付や日数が変動するものもあります。そのため、毎年確認する必要があります。

□**48** カレンダー上の日にちを「何月何日」と読む場合、「～か」で終わるのは、1日～31日までの中、いくつありますか。次の選択肢の中から正しいものを1つ選びなさい。

1．9日
2．10日
3．11日
4．12日

□**49** 漢数字「一」を使った四字熟語で、〇の部分が、片方だけ「一」ではないものはどれですか。次の中から1つ選びなさい。

1．〇朝〇夕
2．〇石〇鳥
3．〇期〇会
4．〇汁〇菜

学習日 ／

48 重要度★★

「～か」で終わるのは、2日（ふつか）、3日（みっか）、4日（よっか）、5日（いつか）、6日（むいか）、7日（なのか、なぬか）、8日（ようか）、9日（ここのか）、10日（とおか）、14日（じゅうよっか）、20日（はつか）、24日（にじゅうよっか）です。したがって、正解は**4.**「12日」です。

ただし、日数を数えるときなどは、2日～ 10日以外を「～にち」と言う場合もあります。

49 重要度★

1. は「一朝一夕」（いっちょういっせき）です。「わずかの日時」という意味で、「一朝一夕にはできない」などと使います。

2. は「一石二鳥」（いっせきにちょう）です。「一つのことをして、二つの利益を得る」や、「一つの行為や苦労で、二つの目的を同時に果たす」という意味です。

3. は「一期一会」（いちごいちえ）です。「一生に一度しか巡り合えないものと考えて、出会いを大切にする」という意味です。

4. は「一汁一菜」（いちじゅういっさい）です。簡素、粗末な食事のたとえです。

漢数字「一」を使った四字熟語は、選択肢のほかに、「一言一句」「一喜一憂」「一宿一飯」「一進一退」「一世一代」「一長一短」など、たくさんあります。

2 ＩＣＴツール（コミュニケーションツール）

過去問題

□**1**　DX化の4つの事例のうち、コミュニケーションに関係ないものはどれですか。次の中から1つ選びなさい。

1．Web会議システムの導入
2．チャットツールの導入
3．ナレッジマネジメントシステムの導入
4．RPA（ロボティック プロセス オートメーション）の導入

□**2**　経済産業省において、DX（デジタルトランスフォーメーション）は次のように定義されています。（　）に当てはまる言葉を次の選択肢から選びなさい。

＜定義＞
　企業がビジネス環境の激しい変化に対応し、データとデジタル技術を活用して、顧客や社会のニーズを基に、製品やサービス、ビジネスモデルを変革するとともに、業務そのものや、（　　　）を変革し、競争上の優位性を確立すること。

1．常識、思考、ルール・マナー
2．企業理念、行動、計画・目標
3．組織、プロセス、企業文化・風土
4．働き方、価値観、ブランド・イメージ

学習日　／

解答・解説

1 重要度★★★

4．の「RPA（ロボティック プロセス オートメーション）」は、主に、パソコン上で行われる定型業務の自動化を行うものです。近年、多くの企業で積極的に導入されています。これは、業務のDX化の事例ですが、コミュニケーションとは直接関係ありません。したがって、正解は**4**．です。

1．の「Web会議システム」、**2**．の「チャットツール」、**3**．の「ナレッジマネジメントシステム」は、リモートワーク環境の現代において、コミュニケーションのDX化に役立つものといえます。

3．の「ナレッジマネジメントシステム」とは、個人が持つ知識や経験を、組織のメンバーで共有するシステムです。業務効率化や、社員間のコミュニケーションの活性化が期待できるシステムで、Web会議システムやチャットツールと並んで、多くの企業で導入されています。

4

2 重要度★★★

DXの定義は、以下のとおりです。

「企業がビジネス環境の激しい変化に対応し、データとデジタル技術を活用して、顧客や社会のニーズを基に、製品やサービス、ビジネスモデルを変革するとともに、業務そのものや、組織、プロセス、企業文化・風土を変革し、競争上の優位性を確立すること。」

したがって、正解は**3**．です。

3

□**3** サポートが終了したWebブラウザを使い続けると、どういう影響があるかを説明した記述として、適切なものはどれですか。次の中から1つ選びなさい。

1. 利用できないWebサイトが減少する。
2. Webサイトの表示が速くなる。
3. 動作不良が起きるリスクが軽減される。
4. セキュリティ上の問題が起きる。

□**4** ある社員がFacebookを使っています。ある資材購入サイトへ新規登録するため、「Facebookで登録する」ボタンを使ったところ、個人情報を入力することなく、簡単に登録できました。この機能はどれですか。次の中から1つ選びなさい。

1. ソーシャルエンジニアリング
2. ソーシャルビジネス
3. ソーシャルマーケティング
4. ソーシャルログイン

学習日 ／

3 重要度★★

サポートが終了したWebブラウザを使い続けると、以下のようなリスクが発生します。

・利用できないWebサイトが増加する。
・動作不良が起きるリスクが増加する。
・セキュリティ上の問題が起きる。

4

4 重要度★★★

Facebookに限らず、GoogleやLINEなど、いわゆるソーシャルメディアのアカウントを使うことで、Webサイトなどに登録するときの、個人情報を入力する手間を省くことができます。これを「ソーシャルログイン」といいます。

1．× 「ソーシャルエンジニアリング」とは、IT技術を使用せずに、人間の心理的な隙や行動につけ込んで、個人情報やパスワードなどを盗む方法です。
2．× 「ソーシャルビジネス」とは、住民やNPO、企業などが協力しながら、ビジネスの手法を活用して、地域社会の課題解決に取り組むしくみです。
3．× 「ソーシャルマーケティング」とは、社会的な問題を解決するために、マーケティングの考え方を活用する手法です。
4．○ 「ソーシャルログイン」とは、個人情報を入力しなくても、ボタンを押すだけで、Webサイトの会員登録ができる機能です。認証に必要なIDやパスワードを集約し、個人情報を一元管理できます。

4

□**5** パスワードのような「知識」情報、スマートフォンのような「所持」情報、指紋のような「生体」情報のうち、2つ以上を組み合わせて、認証する方法はどれですか。次の中から1つ選びなさい。

1．SMS認証
2．CAPTCHA認証
3．シングルサインオン
4．多要素認証

□**6** オフィスのセキュリティシステムでは、正しい利用者かどうかを確認するために認証が行われます。そのときの認証要素には「知識要素」「生体要素」「所持要素」の3種類があります。次の4つの選択肢の中で、「知識要素」の説明に当てはまらないものを1つ選びなさい。

1．「秘密の質問」など本人しか知らない情報を使って認証します。
2．パスワードなど本人があらかじめ指定した文字情報を使って認証します。
3．社員番号など数字で構成された番号情報を使って認証します。
4．リーダーを使って、社員証やIDカードなどから情報を読み取って認証します。

5 重要度★★★

1．× 「SMS認証」とは、携帯電話のショートメッセージ機能を使った本人確認です。

2．× 「CAPTCHA認証」とは、表示される画像に描かれた文字や数字を入力させることで、操作しているのが人間かどうかを判断する方法です。

3．× 「シングルサインオン」は、1つのIDとパスワードで、複数のWebサービスにログインするしくみです。

4．○ 「多要素認証」とは、パスワードや秘密の質問のような「知識」情報、スマートフォンやICカードのような「所持」情報、指紋や静脈のような「生体」情報のうち、2つ以上を組み合わせて、認証する方法です。

4

6 重要度★★★

システムへログインする際に用いられる認証要素は、「知識要素」「生体要素」「所持要素」の3種類があります。

最もよく使われる認証要素であるパスワードや暗証番号は、「知識要素」です。また、秘密の質問も、「知識要素」に含まれます。

指紋や顔は「生体要素」、社員証やIDカードやスマートフォンなどは「所持要素」です。

システムの不正利用を防ぐため、「知識要素」「生体要素」「所持要素」のうち、2つ以上を組み合わせて認証する「多要素認証」が増えています。

4

□**7** インターネットでは、サポート詐欺・フィッシング詐欺・ワンクリック詐欺・ビジネスメール詐欺などの詐欺があります。次の中から、ビジネスメール詐欺の説明について、誤っているものを1つ選びなさい。

1. 攻撃者が、取引先や自社の経営者層などになりすました偽のメールを企業に送りつける。
2. 偽のWebサイトで、IDやパスワード、クレジットカード番号などを入力させ、情報をだまし取る。
3. 攻撃者の用意した口座情報が書かれた請求書がメールに添付されている。
4. 不正アクセスや迷惑メールに対応したセキュリティシステムを導入している大企業でも被害にあっている。

□**8** 取引先から届いたメールに、「お支払い期限を過ぎていますが、まだ振り込まれていないようです。請求書に書いてあった銀行口座とは別になりますが、次の銀行口座に振り込んでいただけますか？」と書いてあり、銀行口座の情報が添えられていました。このときの対応について、次の中から正しいものを1つ選びなさい。

1. 信用できないメールと判断し、内容は無視し、すぐに削除する。
2. 届いたメールに返信し、振込内容の詳細を確認する。
3. 取引先担当者に電話をかけて、メールの内容を確認する。
4. 届いたメールに書いてあったとおり、急いで銀行口座に振り込むようにする。

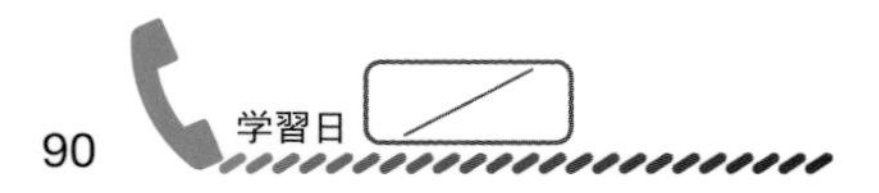

7 重要度★★★

1．3．4．は、「ビジネスメール詐欺」の説明です。

2．は、「フィッシング詐欺」の説明です。

「ビジネスメール詐欺」の被害は大企業でも発生しており、高額な振り込みが行われたこともありました。

多くの企業では、不正アクセスや迷惑メールに対応したセキュリティシステムが導入されていますが、それらをくぐりぬけた詐欺の被害を受ける場合もあります。しかし、さまざまな詐欺の手口を知っておくことで、未然に防ぐことができます。

また、自分がメールを送るときや、電話をかけるときは、相手に詐欺と混同されないよう、言葉遣いや表現方法、また伝達方法などに注意し、工夫をするように心がけます。

2

8 重要度★★★

正解は3．です。信用できないメールだと思っても、まずは確認することが大切です。

設問のような場合は、メールの発信者である取引先に直接電話をかけて確認します。その際、普段から連絡をとっている番号へ電話をかけます。メールの内容について確認した結果、不正なメールであれば無視して削除し、正しいメールであれば、振り込む手配をします。

また、信用できないメールに返信するのは、こちらの情報が相手に伝わってしまうなどのリスクがあるため、避けます。

□**9** 社内のパソコンの操作中に、ウイルス対策ソフトから「ウイルスに感染しました」という通知が表示されました。初期の行動として、適切な行動はどれですか。次の中から1つ選びなさい。

1. ウイルスに感染した旨を電子メールでただちにほかのメンバーに知らせる。
2. パソコンをただちにシャットダウンする。
3. パソコンをただちに再起動する。
4. ただちに有線のLANケーブルを抜いたり、無線のWi－Fiのスイッチを切る。

□**10** 迷惑メールへの対策として、メールアドレスのアカウント（@より前の部分）を変更しようとしています。4つのうち、誤った対策を次の中から1つ選びなさい。

1. プロバイダーや企業が規定している範囲内で、可能な限り文字数を多くする。
2. 存在する英単語を含めないようにし、複雑な文字列にする。
3. 英文字とともに、数字や記号を含める。
4. 英文字は大文字と小文字を混在させる。

9 重要度★★★

ウイルスに感染した場合、何よりも優先するべきなのは、被害が広がるのを防ぐことです。そのためには、ただちに社内ネットワークから切断する必要があります。

1．× メールをほかのメンバーに送信すると、ウイルスが拡散する可能性があるので、不適切です。

2．× シャットダウンすると、ウイルスの影響でデータが消去されたり、感染した原因がわからなくなる場合があるため、不適切です。

3．× 再起動すると、ウイルスの影響でデータが消去されたり、感染した原因がわからなくなる場合があるため、不適切です。

4．○ ただちに有線のLANケーブルを抜いたり、Wi-Fiのスイッチを切ることで、ウイルス拡散の被害を防ぐことができます。

4

10 重要度★★★

メールアドレスのアカウントは、大文字と小文字が区別されません。そのため、大文字と小文字を混在させても、迷惑メール対策にはなりません。したがって、正解は**4．**です。

迷惑メールを防ぐためには、辞書にあるような英単語は使わず、複雑な文字列にし、数字や記号を混在させると効果があります。しかし、あまりにも複雑な文字列の場合、相手が送信先に設定する際に、メールアドレスの入力ミスをする恐れがあるため、注意が必要です。

4

3 電話応対・電話メディア

過去問題

□**1** お客様（鈴木様）からの電話を受けました。次の（　）の部分はどのような言い方をしますか。正しい言い方を1つ選びなさい。

「担当の山田はあいにく出かけております。鈴木様からお電話をいただくかもしれないことは山田から（　）おります」

1．承って
2．伺って
3．聞いて
4．お聞きして

□**2** 電話応対でお客様から、上司の山田係長宛に伝言を預かりました。次の選択肢の中で、正しい言葉遣いはどれですか。1つ選びなさい。

1．「山田にお伝えします」
2．「山田にお伝えいたします」
3．「山田に申し伝えます」
4．「山田に申し伝えさせていただきます」

学習日

解答・解説

1 重要度★★

正解は3．です。「担当の山田はあいにく出かけております。鈴木様からお電話をいただくかもしれないことは山田から聞いております」となります。

1．の「承って」、2．の「伺って」、4．の「お聞きして」は、謙譲表現のパターンとみなされます。したがって、1．2．4．の言い方は、自社社員である山田さんを立てる（敬う）ことになるため、適切ではありません。

3

2 重要度★★

1．「お伝えします」と2．「お伝えいたします」は、いずれも山田係長に対する謙譲表現であるため、自社社員を立てた（敬った）ことになります。また、4．「申し伝えさせていただきます」の「させていただく」も謙譲表現です。

設問のような場合、3．のように「申し伝えます」、あるいは「伝えます」が、正しい言葉遣いです。

3

□**3** あなたは、担当している得意先のもしもし食品株式会社の田中係長に電話しました。自身の名乗りをした後、取り次ぎ依頼をする場合の言い方として、誤っているものはどれですか。1つ選びなさい。

1.「田中係長はいらっしゃいますか」
2.「係長の田中様はいらっしゃいますか」
3.「田中係長様はいらっしゃいますか」
4.「係長の田中さんはいらっしゃいますか」

□**4** 以下の電話応対で問題のない話し方はどれですか。次の中から1つ選びなさい。

1.「恐れ入りますが、お名前様を頂戴できませんでしょうか」
2.「お客様の申されたとおりにさせていただきます」
3.「少しお時間を頂いてもよろしいでしょうか」
4.「今度こちらに参られたときで結構でございます」

3 重要度★★

1．○　敬語として、適切な言い方です。

2．○　選択肢の中では、最も相手を敬う言い方です。

3．×　「係長」は敬称であるため、「係長様」という言い方は、敬称が重なっています。したがって、誤りです。

4．○　敬語としての誤りはありません。田中係長と自身の間柄が、「さん」で呼び合うほどに親しい場合であれば、問題のない言い方です。

3

4 重要度★★

1．×　「様」はつけずに、「お名前」で、敬意は十分に伝わります。また、名前は頂いたり差し上げたりするものではありません。したがって、「頂戴する」とは言わずに、「お名前をお教えください」あるいは「お名前を教えていただけますか」などと言います。

2．×　「申す」は謙譲語Ⅱです。相手の行為に使うのは誤りです。正しい言い方は、「おっしゃった」または「言われた」です。

3．○　問題のない話し方です。

4．×　「参る」は謙譲語Ⅱです。相手の行為に使うのは誤りです。正しい言い方は、「いらっしゃった」または「来られた」です。

□**5** 業務時間中に部署の番号の電話（外線）が鳴り、あなたが電話を取りました。社会人としてふさわしいと思われる対応はどれですか。次の中から1つ選びなさい。

1．トイレに行くといって部屋を出て行った渡辺さんへの電話だったので、「渡辺はトイレに行っているのですぐ戻ります」と言った。
2．山田課長宛にお得意先のAさんからの電話だったので、「いつもお世話になっております。山田に代わります。少々お待ちください」と言った。
3．名前がよく聞き取れない人から田中次長宛の電話だったので、「次長、お名前を名乗らない人から1番にお電話入っています」と言った。
4．昼食に出かけた先輩の上田さんに、隣の部署の高尾部長からの電話だったので、「上田はただいま食事に出ておりますので、おかけ直しするように伝えましょうか」と言った。

□**6** 電話で気持ちを込めてお客様に断る場合、心配りの言葉（クッション言葉）として丁重さに欠ける言葉はどれですか。次の中から1つ選びなさい。

1．「すいませんが、そのご依頼には応じかねます」
2．「恐れ入りますが、そのご依頼には応じかねます」
3．「申し訳ございませんが、そのご依頼には応じかねます」
4．「恐縮ですが、そのご依頼には応じかねます」

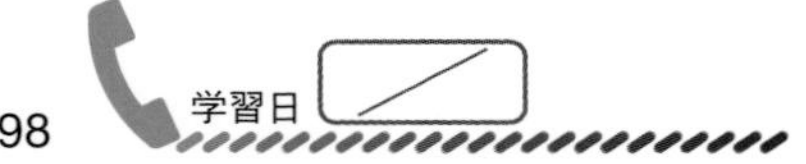

5 重要度★★★

1．× トイレで離席している人の不在理由を相手に伝える場合は、「席を外しております」が、適切な表現です。正直に「トイレに行っている」と伝える必要はありません。

2．○ ふさわしい対応です。

3．× 電話を取り次ぐのは、相手（電話をかけてきた人）の名前や社名を確認してからです。相手の名前をよく聞き取れなかったときは、「恐れ入ります。もう一度お名前をおっしゃっていただけますでしょうか」などのように言います。

4．× 社外の人に対する電話では、身内（社内の人）に敬称はつけません。ただし、社内電話の場合は呼び捨てにせずに、敬称をつけます。したがって、「上田」ではなく「上田さんは今、お食事に出ています。高尾部長にかけ直すようにお伝えしましょうか」などのように言います。

2

6 重要度★★

心配りの言葉（クッション言葉）は、日本型のコミュニケーションでは有効な表現です。「クッション言葉」は、口に出すには少し抵抗がある「依頼、注意、苦言」などを言うときに、相手の気持ちを和らげるために使います。「クッション言葉」の多くは、一般的に、習慣として使われる言葉であり、状況に応じて使います。

2．3．4．は、いずれもふさわしい使い方です。

1．の「すいませんが」は、昨今ではよく使われる言葉ですが、ビジネスなど、人前で話すときに使う「クッション言葉」としては、丁重さに欠けています。

したがって、正解は1．です。

1

□**7** お客様（山本　洋子様）の携帯電話にかけたところ、「はい」と出ました。相手が名乗らなかった場合に名前を確認するときの言い方です。最もふさわしい言い方はどれですか。次の中から1つ選びなさい。

1.「山本　洋子様でございますか」
2.「山本　洋子様でいらっしゃいますか」
3.「山本　洋子様でよろしいでしょうか」
4.「山本　洋子様でよろしかったでしょうか」

□**8** 日頃仕事でお付き合いのある人から電話があり、「いつもお世話になっております」と言われました。これを受けてあなたが言う言葉で、適切だと考えられるものを、次の中から1つ選びなさい。

1.「はい、こちらこそ」
2.「はい、そちらこそ」
3.「いいえ、こちらこそ」
4.「いいえ、そちらこそ」

7 重要度★★

1．の言い方場合、「ございます」は「です」の丁寧語であるため、間違いではありません。しかし、設問のような状況で、相手への敬意を表すには、2．の「いらっしゃいますか」が、最もふさわしい言い方です。

3．「よろしいでしょうか」や、4．「よろしかったでしょうか」のような言い方で相手の名前を確認すると、不愉快に感じる人もいるため、注意が必要です。

2

8 重要度★★

正解は3．です。「いいえ、こちらこそ」は、「いいえ、とんでもないことです。こちらこそ、よりお世話になっています」を省略した言葉です。自分側を謙遜して、相手と良いコミュニケーションを図ろうとしている言葉です。

□**9** 電話でお客様のお名前を伺うとき、どのような呼びかけ方をしますか。下記のうち最も適切な言い方はどれですか。次の中から1つ選びなさい。

1．「あなた様のお名前をお教えください」
2．「お宅様のお名前をお教えください」
3．「お客様のお名前をお教えください」
4．「そちら様のお名前をお教えください」

9 重要度★★

1．× 「あなた」という二人称は、以前は目上の人に使う言葉でしたが、現在は、対等または目下の人に使う言葉です。したがって、「あなた」に「様」という敬称をつけても、お客様に対する呼びかけ方としては不適切です。

2．× 「お宅」とは、相手の家の敬称や、「あなたのところ（あなたの会社）」と言う場合に使う代名詞であり、個人に呼びかける二人称ではありません。たとえ「様」をつけたとしても、違和感があります。したがって、お客様に対する呼びかけ方としては不適切です。

3．○ 名前がわからない相手に呼びかける場合は、「お客様」のように、相手の地位や立場、役職などに「様」をつけて呼びます（本来、役職名はそれ自体が敬称であるため、「様」はつけません。しかし、時と場合によっては「様」をつけて柔らかい言い回しにすることがあります）。

4．× お客様に呼びかける際に「そちら」「こちら」などの指示代名詞を使うのは適切ではありません。ただし、相手がお客様ではなく、立場などもはっきりしないときには、「そちら様」と呼びかける場合もあります。

□**10** 電話のクロージング時に言う言葉で、仕事の取引相手には使わない言葉を次の中から1つ選びなさい。

1. 「失礼いたします」
2. 「ごめんくださいませ」
3. 「私○○が承りました」
4. 「お疲れ様でした」

□**11** 早口でよく聞きとれない電話の相手に対して、もっとゆっくり話してほしいと頼むときの言い方として、下記の中で最も問題がない言い方はどれですか。次の中から1つ選びなさい。

1. 申し訳ございません。早口でよくわからないのでもう少しゆっくり話していただけませんか。
2. お客様はとても早口でいらっしゃるので、お話がよく聞きとれないのです。申し訳ございませんがもう少しゆっくり話していただけませんでしょうか。
3. お話の途中で申し訳ございません。お話が早くてついていけないものですから、できましたらもっとゆっくり話してください。
4. 申し訳ございません。メモをとりながら伺っているものですから、もう少しゆっくり話していただけると助かります。

学習日 ／

10 重要度★★

仕事で取引のある相手との電話を切るときには、「お疲れ様でした」とは言いません。したがって、正解は**4.** です。

「お疲れ様でした」は、相手が社内の人である場合には、言うこともあるかもしれません。しかし、設問のようなケースで、電話を切るときの言葉としては、ふさわしいとはいえません。

4

11 重要度★★

1. 2. 3. は、相手が早口であることを明確に伝えています。そのため、相手を傷つける、または怒らせる可能性がある言い方です。

4. は、相手が早口であることを直接伝えるのではなく、「メモをとりながら伺っているものですから」という一言を添えて、「もう少しゆっくり話していただけると助かります」と、相手を不愉快にさせないよう、婉曲的な言い方で伝えています。相手への配慮が感じられる言い方です。

したがって、正解は**4.** です。

4

□**12** オフィスの固定電話（部門の代表電話）に、取引先から担当者Ａに電話がかかってきました。この部門では、原則、リモート勤務体制となっています。固定電話で応答した人が取引先に対して、伝える必要はない事柄を1つ選びなさい。

1．部門がリモート勤務体制になっていること。
2．担当者Ａが自宅で業務をしていること。
3．担当者Ａが会議中であること。
4．担当者Ａが本日お休みであること。

学習日　／

12 重要度★★★

1. ○ 各企業・部門によって、ワークスタイルは異なります。社内外にワークスタイルを伝えることで、円滑なコミュニケーションが期待できます。
2. × リモート勤務は、自宅だけでなく、シェアオフィスやサテライトオフィスなど、さまざまな場所で業務を行います。どこにいても同じように業務が行えるワークスタイルが定着しつつあることから、「自宅」などのように場所を伝える必要はありません。
3. ○ リモート勤務中でも、会議中、外出中など、長時間連絡がとれない状態である場合には、それを相手に伝えることが望ましいです。
4. ○ 休暇も、長時間連絡がとれない状態であるため、相手に伝えることが望ましいです。

2

□**13** 携帯電話に関するマナーです。以下の選択肢の中で、不適切な行為はどれですか。1つ選びなさい。

1．携帯電話にかけて名乗った後、「今、お電話よろしいですか」と確認した。
2．携帯電話にかけたら受話してすぐに切られたので、しばらく時間をおいてからかけた。
3．急用で上司の携帯電話にかけたら、電車内だったので、「お耳だけお借りできますか」と確認した。
4．得意先から急用で連絡を取りたいと担当者の携帯電話番号をきかれたので、やむなく伝えた。

13 重要度★★★

1. ○ 受話したからといって、相手が通話できるとは限りません。そのため、話ができるかどうかを確認するのは、相手への配慮を感じられる、適切な行為です。
2. ○ 適切な行為です。相手が受話してすぐに切れた場合、相手は話せない状況であると考えられます。よって、しばらく時間をおいてからかけ直します。また、通話中に切れた場合は、基本は、かけた方から電話をかけ直します。
3. ○ 適切な行為です。電車内では、通話はできません。しかし、相手が受話した場合は、「お耳だけお借りできますか」「用件だけお話ししてもよろしいですか」と言って、相手が発話せずに済むように配慮します。ただし、優先席付近など、携帯電話を使えない場合もあるため、受話した相手が電車内にいるときは、基本は、すぐに切るようにします。また、ショートメッセージを併用する方法もあります。
4. × 不適切な行為です。たとえ、得意先からの電話である場合や、用件が急を要する場合であっても、本人の許可なく携帯電話番号を伝えてはいけません。**4.** のような場合は、お客様（得意先）の連絡先を訊き、すぐに担当者へ連絡して、担当者からお客様（得意先）へ電話をかけます。

4

□**14** 取引先訪問の帰社途中、あなたの携帯電話にお客様から電話が入りました。駅構内にいましたが、周りに人がいなかったため、電話に出て話し始めたところ「声がよく聞こえない」と言われました。この状況において、最も適切な対応はどれですか。次の中から1つ選びなさい。

1. 相手に聞こえるように、より大きな声で話した。
2. 静かに話せる場所を探しながら、会話を続けた。
3. 帰社する時間を相手に伝え、かけ直してもらうようにお願いした。
4. 駅の構内にいることを説明し、30分後にかけ直してよいか尋ねた。

□**15**「クレジットカードをなくした、大丈夫か？」とお客様から電話がかかってきました。初めにお客様の気持ちを受け止める言葉として、不適切な言葉はどれですか。次の中から1つ選びなさい。

1.「ご安心ください、すぐにお止めします」
2.「大丈夫です。すぐにお止めします」
3.「それはご心配ですね。すぐにお止めします」
4.「かしこまりました。すぐにお止めします」

14 重要度★★★

公共の場で、大きな声で会話をしたり、歩きながら通話するのは、マナー違反です。

1．× 公共の場で、大きな声で話すのは、マナー違反なだけでなく、情報漏えいに繋がる可能性があります。

2．× 会話を続けながら移動するのは、音声が、さらに聞き取りにくくなる行動です。

3．× かかってきた電話を、こちらの事情で切る場合は、状況を説明してお詫びした後、自分からかけ直します。

4．○ 最も適切な対応です。かけ直す際は、相手の都合の良い時間帯を確認します。

4

15 重要度★★

クレジットカードをなくしたお客様が、「大丈夫か？」と訊いています。このような場合、まずは、お客様の不安な気持ちを受け止めて、安心させるような言葉をかけることが大事です。

4．の「かしこまりました」という言い方は、少しビジネスライクに聞こえ、お客様が、「不安な気持ちを受け止めてもらえていない」と感じる可能性があります。したがって、正解は**4**．です。

4

□**16** 自分から電話しました。先に電話を切らない方が良い場合はどれですか。次の中から1つ選びなさい。

1. 企業のお客様相談室への問い合わせの電話
2. 支店の人への間もなく始まるWebミーティングの入室を促す電話
3. お客様からの問い合わせへ答える電話
4. テレワーク中の同僚への業務連絡

□**17** 午前10時、上司宛に得意先の吉川部長から会社に電話が入りました。上司は社内会議に11時まで出席しています。吉川部長は「急ぎの用件で至急連絡を取りたい」とのことでしたので、会議中の上司に用件を伝えます。伝える方法として最も適したものはどれですか。次の中から1つ選びなさい。なお、上司はノートPCを会議室に持ち込んでいません。

1. 会議室の入り口から上司に声をかけて呼び出し、会議室の外で用件を伝える。
2. 会議室に静かに入室し、無言で用件を書いたメモを上司に渡す。
3. 会議室に静かに入室し、上司に「お電話がありました」と声をかけて、用件を書いたメモを渡す。
4. 会議室にいる上司の携帯電話にSMS（ショートメッセージ）を送る。

16 重要度★★★

電話は、用件がある方がかけます。そのため、ビジネス電話は、かけた方から先に切るのがマナーです。

設問では、自分から電話をかけていますが、**3**．の場合、相手はお客様です。

相手が、目上の人やお客様である場合は、相手が切るのを待ちます。もしくは、「こちらから切らせていただきます」などの一言を添えて切る心配りが必要です。したがって、正解は**3**．です。

17 重要度★★

1．× 声を出すと、会議の進行を妨げる可能性があります。

2．○ 会議中の上司への伝言は、会議の邪魔にならないように静かに入室し、簡潔に用件を書いたメモを無言で上司に渡します。メモを渡すときは、目礼をします。

3．× 声を出すと、会議の進行を妨げる可能性があります。

4．× 会議中に、メッセージに気づくとは限りません。社内会議であれば、会議室に行ってメモを渡すのが一番確実な方法です。

□**18** 電話での会話で、話の聞き方の基本的な心得として、適切だと考えられるものを1つ選びなさい。

1. 相手の話を聞いている最中は、「はい」「そうですね」などの相づちは、話を邪魔すると考えて無言でいる人がいるが、むしろ相手に安心感を与え、話の促進になる。
2. 相手の言った言葉や意味を繰り返すのをリピートと言うが、話し手にとっては黙って聞いてくれた方が話しやすいのでなるべく控えるべきである。
3. 相手の話の最中に、難しい言葉の表現や意味が不明な点があっても、すかさず質問をすることは、相手が話しづらくなるので、話が終わるまでは黙って聞くべきである。
4. 相手の話の内容や言い分を理解できた時点で、こちらの言いたいことをすかさず話し返せば、タイミングもよく、会話の無駄な時間は省略され効率的になる。

18 重要度★★

コミュニケーションでは、「相手の話を優先して聴く」という姿勢が大切です。

聞き手は、黙って聴いているだけでなく、相づちなどを通して、相手の話を受け止めていることを伝えるように心がけます。

特に、視覚情報がない電話での会話は、「相手の話を受け止めながら聴いている」と、示すことが重要です。

1．○　聞き手が無言で聴いていると、相手は、話を聴いてもらえているのかわからず、不安になります。そのため、適度なタイミングで気持ちのこもった相づちを打ち、話を聴いていることを相手に伝えます。相づちを打つことによって、相手は、安心して話しやすくなります。ただし、否定的な相づち（「そうですかねえ」「だめでしょう」「ちがいますよ」など）は、相手に不愉快な思いをさせて、話を断ち切ってしまう場合があるため、避けます。

2．×　適度なリピートは、聞き手が、相手の話を受け止めるのに良い方法です。ただし、機械的なオウム返しは避けます。

3．×　相手の話を聴いている最中に、その内容や意味について質問するのは、誠実な姿勢です。話を深く理解しようとする態度が相手に伝われば、話の最中に質問しても問題ありません。ただし、相手の話の腰を折らないように、質問するタイミングには注意する必要があります。

4．×　相手の話を最後まで聴かないうちに、「わかりました。それなら……」などのように、結論を急いで聞き手が話し出すのは不適切です。相手に「言い切った」という心理的な満足感を与えない上に、聞き手が話の内容を早合点することでミスが起こるなど、かえって非効率になる可能性があります。

1

□**19** 初めての会社に、アポイントを取るための電話をかけました。次の中で不適切なものはどれですか。1つ選びなさい。

1. 担当者が出たので、自分の会社名と部署名、名前を丁寧に伝えた。
2. アポイントの日時は、自分の都合を先に告げて担当者に合わせてもらった。
3. 「来週の水曜日の午後1時でしたら、いいですよ」と言われたので、「来週水曜日〇月〇日の午後1時でございますね」と復唱した。
4. 上司が同行するので、名前と肩書きを伝えた。

□**20** 電話で、お客様に訪問のアポイントを取るときのマナーです。次の中から適切なものを1つ選びなさい。

1. 1週間ほど前に電話をかけ、お客様の希望日時に合わせる。
2. 1週間ほど前に電話をかけ、こちらの訪問予定に合わせてもらう。
3. 3日ほど前に電話をかけ、お客様の希望日時に合わせる。
4. 3日ほど前に電話をかけ、こちらの訪問予定に合わせてもらう。

19 重要度★★★

訪問の日時は、訪問先の担当者の都合が最優先です。したがって、正解は**2**．です。

面会を申し込むときは、訪問の目的を説明した後に「できましたら、来週のどこかで15分ほどお時間をいただけませんでしょうか」などのように、大まかな期限と必要な時間を伝えると、担当者も予定を立てやすいです。

2

20 重要度★★★

お客様を訪問するときは、時間に余裕をもち、1週間ほど前に電話をかけて、アポイントを取ります。また、面会日時は、お客様の希望を優先します。そのとき、「20分ほどお時間を頂きたいのですが」のように、所要時間の目安を伝えます。

1

ワンポイントアドバイス

アポイントを取るときのポイント

電話でアポイントを取る際のポイントは以下のとおりです。

- 1週間以上前にはアポイントを取る。
- どのような用件か、どのくらい時間がかかるかを伝える。
  (例)「○○の件でお伺いしたいのですが、できましたら来週のどこかで15分ほどお時間を頂けませんでしょうか」
- 相手の都合の良い日を挙げてもらい、面会日を決める。
- アポイントの内容を復唱する。
- 念のため、前日に確認の電話を入れる。

4 マナー

過去問題

□**1** マナーに関する記述で適切ではないものはどれですか。次の中から1つ選びなさい。

1．マナーの本質は上品に振る舞うことである。
2．マナーは人間関係を円滑にする生活の知恵である。
3．マナーは相手を不快にさせないことである。
4．マナーの表現の仕方は、時代や社会の状況によって変化するものもある。

□**2** ビジネスで、お客様をお迎えするときの立ち方の基本です。次の中から問題があるものを1つ選びなさい。

1．女性は両足の踵からつま先まで付けて立つが、つま先を少し開いてもよい。
2．女性は片方の足の土踏まずに、もう一方の足の踵を付ける。
3．男性は両足の踵を付け、つま先を60度くらいに開く。
4．男性は両足を腰幅より少し狭く、平行に開く。

1

2

3

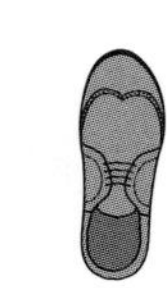
4

解答・解説

1 重要度★★

1．× マナーの本質は、相手を大切に思う心です。自分が上品に振る舞うことではありません。自分が上品に振る舞うことだけを意識した行動は、マナーの本質の一つである、「相手の立場に立って考える」という姿勢とは異なります。

2．○ マナーは、互いに気持ちよく暮らすために、先人たちが考え、現代に受け継がれてきた「生活の知恵」です。

3．○ マナーの根底には、「相手が嫌な思いをしないように、相手の立場に立って行動する」という考え方があります。

4．○ マナーの「本質」は変化しませんが、「表現の仕方」は、時代、人（対象となる相手）、社会の状況などによって変化するものもあります。マスクのマナーが、その一例です。

1

2 重要度★★

1．3．4．は問題のない立ち方です。

2．は「モデル立ち」と呼ばれ、自分を美しく見せることを意識した立ち方です。お客様を迎えるときの立ち方としてふさわしくありません。

したがって、正解は2．です。

2

□**3** お客様をお見送りします。挨拶の一連の動作で問題のあるものはどれですか。以下の選択肢の中から1つ選びなさい。

1. 挨拶をする前に、両足をそろえ背筋を伸ばした。
2. 相手に自分の身体の正面を向け、アイコンタクトをとった。
3. 「本日はありがとうございました」と言ってから、上体を倒した。
4. 上体を倒した後、素早く身体を戻した。

□**4** 会社でお客様をお迎えしたときのお辞儀（普通礼）です。次の中からふさわしくないものを1つ選びなさい。＊下記の図を参考にしてください。

1. 体の横に両手を付けたまま、上体を曲げた。
2. 両手を腿（もも）に付けて、指先が膝頭の上に届くように曲げた。
3. 下腹のところに両手を重ねて立ち、手はそのままで上体を曲げた。
4. みぞおちのところに両手を重ねて立ち、手はそのままで上体を曲げた。

3 重要度★★

お客様を見送るときは、ご足労いただいたことへの感謝の気持ちを、心のこもったお辞儀で表現するのが望ましいです。

見送りなどで丁寧なお辞儀をする際は、挨拶言葉を述べた後で（または、言葉を言い終えるあたりから）上体を倒し、角度の一番深いところでいったん止まり、相手よりも先に頭を上げないようにします。

4. のように素早く身体を戻すと、相手よりも先に頭を上げてしまう可能性があり、見送りの挨拶として敬意に欠けた印象を与える場合もあるため、注意が必要です。

4

4 重要度★★

4. の場合、会社でお客様をお迎えしたときのお辞儀（普通礼）としては、両肘が体の幅から出ており、不自然に思われる場合があります。したがって、正解は**4.** です。

ワンポイントアドバイス お辞儀の種類

お辞儀には、会釈、普通礼、敬礼、最敬礼があります。時と場合に応じて使い分けます。

種類	角度	シチュエーション
会釈	15度	人とすれ違いざまに挨拶をする
普通礼	30度	上司や目上の人に挨拶をする、お客様を迎える、訪問する
敬礼	45～70度	お客様を見送る、お礼をする、お願いをする
最敬礼	70～75度	謝罪をする

□**5** 下記は、男性用ビジネススーツのボタンのかけ方について述べています。不適切なものを次の中から1つ選びなさい。

1. 3つボタンのスーツは、真ん中のボタンを1つかけた。
2. 3つボタンのスーツは、上のボタンを2つかけた。
3. 2つボタンのスーツは、上のボタンを1つかけた。
4. 2つボタンのスーツは、上下のボタンを2つかけた。

□**6** 部長が担当している仕事で、あなたは商談の記録係として、得意先企業に初めて訪問することになりました。身だしなみを整えるにあたり最もふさわしい行動はどれですか。1つ選びなさい。なお、当社では5月1日から9月30日まではクールビズ実施期間になっています。

1. 濃紺のスーツで行く。
2. 白色を基調としたワイシャツと、グレー系のスラックスまたはスカートで行く。
3. 自社で推奨されているクールビズの服装で行く。
4. 部長に確認してから行く。

5 重要度★★

男性用のビジネススーツの背広やベストは、一番下のボタンを外します。

3つボタンのスーツの場合は、真ん中のボタンを1つかけるか、または、上と真ん中のボタンを2つかけます。

2つボタンのスーツの場合は、上のボタンだけをかけます。

したがって、正解は**4．**です。

4

6 重要度★★

現在は多くの会社でクールビズが推奨されていますが、他社訪問の際にどのようなスタイルが適切かは、TPO（時と所と場合）によります。

1．や**2．**のスタイルならば、問題ないかもしれません。しかし、より確実なのは、**4．**のように、部長にどのような格好で訪問すべきかを確認することです。

設問のような「初めてのこと」については、自分の考えだけで判断せずに、必ず、状況や事情を知っている当人（設問の場合は部長）に、確認や相談をしてから行動するのが大事です。

4

□**7** 口頭で報告をする方法として、誤っているものはどれですか。次の中から1つ選びなさい。

1. はじめに「○○について報告します」と予告する。
2. 結論を先に伝え、その後で経過説明をする。
3. 良い報告から先にする。
4. 事実は、客観的に伝え、自分の主観とは別にする。

□**8** 上司から指示を受けた仕事について、報告をする際のマナーです。以下の状況で不適切な行動はどれですか。次の中から1つ選びなさい。

1. トラブルが発生したため、上司へ速やかに報告した。
2. 締切日前に仕事は仕上がったが、締切日まで報告するのを待った。
3. 仕事が締切日までに終わらないと思ったので、上司に途中で報告をした。
4. 仕事が終わったので、報告をする前に上司の都合を確認した。

7 重要度★

口頭で報告をする場合は、悪い報告が先です。

また、複数の報告をするときは、重要度の高いものから伝えます。

3

8 重要度★

指示を受けた仕事が完了したら、上司の都合を確認した上で、早めに報告をします。

仕事の完了報告後に、上司から手直しの依頼がある可能性もあります。

ワンポイントアドバイス 口頭による報告

命令・指示を受けて、進めた仕事が完了したら、速やかに報告します。長期の仕事などでは、途中経過を知らせることもあります。期間内に仕事が終わりそうにない場合も報告が必要です。

口頭による報告のポイントは、以下のとおりです（場合によっては、文書などによって報告することもあります）。

- はじめに「〇〇について報告します」と予告する。
- 結論を先に伝え、その後で経過説明をする。
- 事実は客観的に伝え、自分の主観とは別にする。
- 複数の報告をするときは、重要度や緊急度の高いものから伝える。
- 悪い報告から先にする。

□**9** 課長から指示を受けた仕事が完了したので報告を行います。次の選択肢の中から不適切な行動を1つ選びなさい。

1. 課長に報告の時間をもらえるか、都合を確認した。
2. 簡潔に話せるよう、自分用のメモを作成した。
3. 課長が外出していたので、まずは報告の内容をメールで送った。
4. 課長が忙しそうだったので、係長に報告した。

□**10** あなたは、上司から書類を作成するよう指示があり、取り組みました。次の選択肢の中で、適切とはいえない仕事の進め方はどれですか。1つ選びなさい。

1. 指示内容を復唱確認してから書類作成に取りかかった。
2. 作成途中で、書類の仕上がりイメージに合っているかどうかを上司に確認した。
3. 提出時刻に仕上がりが難しいと思ったが、そのまま自分でがんばることにした。
4. 先輩が気にかけて声をかけてくれたので、わからないところを相談した。

9 重要度★

1. ○　適切な行動です。報告する前に、「～の件で、ご報告があります。今よろしいでしょうか」など、相手の都合を必ず確認します。
2. ○　適切な行動です。口頭で報告する場合でも、要点をまとめたメモを用意しておくと、正確かつ簡潔な報告ができます。
3. ○　適切な行動です。相手が忙しい場合は、報告内容を事前にメールで送り、相手の都合が良いときに確認してもらうのも一つの方法です。メールは送ったままにせず、相手に一声かけるなど確認を忘れないようにします。
4. ×　不適切な行動です。報告は、指示をした人が病気による長期休暇中など、特別な理由がない限りは、指示をした人に直接行うのが原則です。

4

10 重要度★

ビジネスコミュニケーションの基本である「報告・連絡・相談」に関する問題です。

1. ○　適切な行動です。
2. ○　適切な行動です。
3. ×　自分で考えて、がんばることも大切ですが、仕事には期限・納期があります。「提出時刻に間に合わないかもしれない」と思った時点で、上司に報告や相談をすることも必要です。
4. ○　適切な行動です。

3

□**11** 以下のそれぞれのシーンでの挨拶言葉について、適切とはいえないものはどれですか。1つ選びなさい。

1. 朝、出社して先輩に：「お疲れ様です」
2. 午後、協力会社の面識のある方に：「こんにちは」
3. 面会の約束で受付に来た、取引先のお客様に：「お世話になっております」
4. 宅配で出入りしている方に：「ご苦労様です」

□**12** お客様に応対する際、自分の会社のことをどう言いますか。次の中から1つ選びなさい。

1. 「うちとしましては……」
2. 「我々としましては……」
3. 「私どもとしましては……」
4. 「私たちとしましては……」

11 重要度★★

1．のような状況の場合、適切な挨拶言葉は「おはようございます」です。

「お疲れ様です」は、主に同輩以上の人に対して、ビジネス上でかけ合う「労いの言葉」です。朝、これから仕事に取りかかる前の挨拶としては、違和感があります。

挨拶言葉には、意味があります。状況に合った挨拶を心がけてください。

1

12 重要度★★

自分の会社を表す言い方（人称）には、いくつかの種類があります。

多くの場合は、立場を少しへりくだって「私（わたくし）ども」と言えば問題ありません。ほかに、「手前ども」という言葉もありますが、少し古風な言い方です。

自分の会社のことを「弊社」「当社」と言う場合もありますが、「弊社」や「当社」は書き言葉です。お客様に応対するときは、話し言葉である「私ども」を使います。

□**13** ビジネスシーンにおける人の呼び方に関する問題です。新入社員のあなたが以下の状況に対応するとき、適切ではない呼び方はどれですか。次の中から1つ選びなさい。

1. 会議室で、取引先の社長に挨拶するとき。
「鈴木社長、いつもお世話になっております」
2. 出社時、勤務先の先輩へ挨拶するとき。
「佐藤さん、おはようございます」
3. 自社の課長を取引先の担当者に紹介するとき。
「こちらは課長の中村でございます」
4. 自社のほかの部署の人から、直属の課長に内線電話がかかってきたとき。
「山田は今、席を外しております」

13 重要度★★

外部の人へ自社の人の話をする際は、上司であっても敬称はつけません。しかし、社内の人に対して、直属の上司の話をする場合は、敬称（設問の場合は「課長」）をつけます。

したがって、**4**．の呼び方は適切ではありません。正しくは、「山田課長は今、席を外していらっしゃいます」と言います。

4

ワンポイントアドバイス　呼称・敬称

呼称（人の呼び方）に、敬語の要素が含んだものを「敬称（尊称）」といいます。

外部の人に、自社の人間を言うときは、敬称をつけず、名前の呼び捨てで問題ありません。

例：「鈴木」または「課長の鈴木」

ただし、社内の人に、上司のことを言うときなどの場合は、「～課長」のように役職名をつけます。

また、相手（側）のことを言うときは、以下のように言います。

「苗字」＋「様・さん」（例：鈴木様、田中さん）

「肩書」の＋「苗字」＋「様・さん」（例：課長の鈴木様）

「苗字」＋「地位が高い肩書（役職名）」（例：鈴木社長、鈴木院長）

□**14** 上司から、お世話になった会社宛に、礼状とお礼の品を送るように頼まれました。このときの送り状に書くのに最も適切な言葉はどれですか。次の中から1つ選びなさい。

1．ご賞味ください。
2．ご高覧ください。
3．ご査収ください。
4．ご笑納ください。

□**15** あなたは、得意先の田中　真琴さん（役職は総務課長）にメールを送ります。本文に書く宛先の名前として、不適切なものはどれですか。

1．田中様
2．田中　真琴様
3．田中総務課長様
4．総務課長 田中　真琴様

14 重要度★★★

1．× 「賞味」は、「食べ物をおいしく味わう」という意味です。したがって、「ご賞味ください」は、「おいしく食べてください」という意味の言葉です。そのため、人によっては押しつけがましく感じる場合があります。したがって、目上の方への礼状に書く言葉としては、ふさわしくありません。

2．× 「ご高覧ください」は、資料や本などを送って、読んでいただくときに使う言葉です。

3．× 「ご査収ください」は、文書や代金などを送るときに、「お調べの上、受け取っていただきたい」という意味で使う言葉です。

4．○ 「ご笑納ください」は、「つまらないものですが」と謙遜しながら、送ったものを受け取っていただくときに使う言葉です。

4

15 重要度★★★

正解は**3**．です。

3．の「課長」は役職名です。役職名は敬称であり、「様」も敬称なので、敬称を二重で使っています。したがって、不適切です。

□**16** 本日午前に面会し、名刺交換をした㈱もしもし食品の2人に、面会のお礼のメールを送ります。メール本文の宛名の書き方として、適切なものはどれですか。次の中から1つ選びなさい。なお、面会したお客様は、山田課長と森田主任です。

1. ㈱もしもし食品
   課長山田様
   主任森田様

2. 株式会社もしもし食品
   課長山田様
   主任森田様

3. ㈱もしもし食品
   山田課長
   森田主任

4. 株式会社もしもし食品
   山田課長　森田主任

学習日 ／

16 重要度★★★

1．× 「㈱」という書き方は、適切ではありません。相手先会社名は省略せずに書きます。

2．○ 適切な書き方です。

3．× 「㈱」という書き方は、適切ではありません。相手先会社名は省略せずに書きます。

4．× 宛名の二人の職位が同等な場合、横に並べて書くこともあります。しかし、山田課長は、森田主任よりも、職位が明らかに上位です。したがって、適切な書き方とはいえません。

ワンポイントアドバイス 宛名の書き方

社外に向けた文書やメールの宛名は、「①会社名　②部課名　③役職名　④氏名」の順番で、省略せずに書きます。

以下に、ビジネス文書でよく使われる敬称を挙げます。正しい使い方を確認してください。

様	公私問わずに使える敬称。役職名と併用するときは、「〇〇部長△△様」と言う（役職名には敬称の意味合いがあるため）
殿	「様」よりも敬意の度合いが低く、公私用語で使われることが多い
先生	医師、教師、弁護士などの個人名につける ※「〇〇先生様」はNG（二重敬語であるため）
御中	企業、団体、学校などで個人名がわからない場合につける ※「御中」の後に、個人名は書かない
各位	不特定多数の人に同時に出すとき、個人名を省略して書く ※「各位様」はNG

□**17** 取引先へ封書を送ります。以下の宛先に送る場合、適切な宛名の書き方はどれですか。次の選択肢の中から1つ選びなさい。

㈱もしもし商事　総務部　総務企画課　鈴木 春夫課長宛

1. ㈱もしもし商事　総務部　総務企画課　課長　鈴木 春夫様
2. ㈱もしもし商事　総務部　総務企画課　課長　鈴木 春夫様宛
3. 株式会社もしもし商事　総務部　総務企画課　課長　鈴木 春夫様
4. 株式会社もしもし商事　総務部　総務企画課御中　課長　鈴木 春夫様

□**18** トイレ（職場の洗面所）でのマナーです。適切なものはどれですか。次の中から1つ選びなさい。

1. トイレで他部署の同期と会ったので、しばらく雑談した。
2. トイレで先輩と会ったので、無言で会釈した。
3. トイレでお客様と会ったので、「いらっしゃいませ」と挨拶をした。
4. トイレで上司と会ったので、業務報告をした。

17 重要度★★★

宛名を書くとき、お客様の会社名は、「㈱」と省略せずに「株式会社」と書きます。

また、「宛」は、「届け先」という意味の敬意表現ではありません。取引先へ封書を送る際は、「宛」はつけずに、「氏名+様」と書きます。

「御中」は、送り先の個人名がわからないときに、会社名や部署名の後ろに添える言葉です。個人名がわかっているときには、部署名の後に「御中」をつける必要はありません。

3

18 重要度★★

トイレ（職場の洗面所）で人と会ったときは、黙って会釈をするか、アイコンタクトをするだけで十分です。また、お客様に会っても、声はかけません。理由は、プライベートな場所だからです。

だれでも、用を足している姿を見られるのは避けたいものです。相手のプライベートは見ないようにするのが、トイレ内での適切な配慮です。

2

□**19** 以下は、会議中の部長から急ぎ会議室に資料を届けるように電話が入った後の一連の流れです。次の会議室の出入りで、不適切なものがあります。1つ選びなさい。

1. ドアノックは中の人に聞こえる大きさで3回した。
2. 「どうぞ」の返事を受け、「失礼します」と聞こえる声で言った。
3. 素早くドアを開け、その場で部長に声をかけた。
4. 出るときはドアの前で一礼して静かに出た。

□**20** 上司に同行し、新規の取引先へ挨拶に行きました。上司との行動で適切なものはどれですか。次の中から1つ選びなさい。

1. 下りのエスカレーターは、自分が後から乗った。
2. タクシーは、後部座席左側に自分が座った。
3. 取引先との名刺交換は、自分から先に行った。
4. 手土産は、自分が取引先に手渡した。

19 重要度★★

ドアは、静かにゆっくり開けます。特に内開きのドアは、急に開けると、中から出る人がいた場合にぶつかる危険があります。

また、重要な会議のときなどは、ドアをノックした後に、「どうぞ」の返事があってもすぐに開けるのではなく、一呼吸の間を取ってから開けると配慮が感じられます。資料は、上司の傍へ行って渡します。

3

20 重要度★

1. × エスカレーターに、だれが先に乗るかは、目線の高さを判断基準にします。エスカレーターでは、立てるべき人の目線よりも、自分が低くなるように行動するのが基本です。下りのエスカレーターに、自分が後から乗ると、上司の目線よりも自分が高い位置になります。したがって、適切ではありません。下りのエスカレーターに乗るときは、「お先に失礼いたします」と一言断って、上司よりも先にエスカレーターに乗ります。
2. ○ タクシーの席次は、プロトコルの右上位が適用され、後部座席右側が上席です。上司や目上の人とタクシーに乗る際は、後部座席右側を避けて座ります。
3. × 名刺は、訪問した側から先に差し出すのがマナーですが、上司と同行しているときは、上司が先に名刺交換を行います。
4. × 手土産は、自社を代表して上司が手渡します。

2

□**21** 日頃お世話になっている取引先の中村課長を訪問し、初めて上司の田中部長を紹介します。あなたが仲立役として互いに紹介する場合、適切なものはどれですか。1つ選びなさい。

1.「中村課長、私の上司をご紹介します。部長の田中でございます」
2.「中村課長、私の上司を紹介させていただきます。田中部長です」
3.「田中部長、こちらがお世話になっている課長の中村様でございます」
4.「田中部長、こちらがお世話になっている中村課長でいらっしゃいます」

□**22** 他人紹介の順序の問題です。不適切なものはどれですか。次の中から1つ選びなさい。

1. 取引先であるA社の部長と自社の課長の場合、自社の課長から紹介する。
2. 取引先であるA社の社員と取引先B社の部長の場合、A社から紹介する。
3. 取引先であるA社の係長と子会社（自社）のC社の社長の場合、C社から紹介する。
4. 取引先であるA社の課長と、自分と親しくしている取引先D社の課長の場合、A社から紹介する。

21 重要度★★★

他人紹介では、立てたい人を後に紹介するのが基本のルールです。したがって、設問のような場合、まずは、上司の田中部長（自社の者）を、中村課長（お客様）に紹介します。

1. ○　適切な順番で紹介しています。また、言葉遣いも適切です。
2. ×　「部長」は敬称であるため、「田中部長」と言うのは不適切です。
3. ×　先に、お客様を田中部長（自社の者）に紹介しています。
4. ×　先に、お客様を田中部長（自社の者）に紹介しています。

1

22 重要度★★★

他人紹介は、立てたい人を後に紹介します。

4．のように、役職が同じ場合は、親しくお付き合いしている人から紹介します。よって、正しい順序は、先にＤ社の課長をＡ社の課長に紹介します。

したがって、正解は4．です。

4

□**23** 名刺交換の場面で、名刺入れを入れておく場所として不適切なものはどれですか。次の選択肢の中から1つ選びなさい。

1. ジャケットの内ポケット
2. ジャケットの外ポケット
3. ズボンのポケット
4. カバンの外ポケット

□**24** 名刺の使い方です。次の中から不適切なものを1つ選びなさい。

1. 同時交換のときは右手で渡し左手で受けますが、すぐに右手を受け取った名刺に添えます。
2. 相手の方の情報は、忘れないように頂いた名刺の裏に、その場で書き込みます。
3. 先方が不在のときは、名刺に一言書いて応対した人に渡します。
4. 相手の名前の読み方がわからない場合は、その場で聞きます。

23 重要度★★★

1．○　スーツのジャケットなど、内ポケットがついている場合は、内ポケットに名刺入れを入れておくのが基本です。

2．○　内ポケットなしのジャケットを着用している場合は、外ポケットに名刺入れを入れても、問題はありません。

3．×　大切な名刺交換の場面で、相手に差し上げる名刺を腰骨より下の位置から取り出すことは、失礼に当たります。また、ズボンのポケットは、厚みのあるものを入れる構造ではありません。そのため、ズボンのポケットに名刺入れを入れると、シルエットが崩れる場合があります。

4．○　クールビズ適用期間など、ポケットがついていない服装のときは、カバンの外ポケットに名刺入れを入れて、名刺をすぐに取り出せる状態にします。

3

24 重要度★★★

その人に関する情報を、頂いた名刺に記入するのは、お客様と対面しているときではなく、別れた後です。日時や特徴などをメモしておくと、役立ちます。

2

□**25** 初対面の相手と名刺交換をした際、相手の名前の読み方がわかりませんでした。この状況において、最も適切な対応はどれですか。次の中から1つ選びなさい。

1. 「変わったお名前ですね。どのようにお読みすればよろしいですか」と尋ねた。
2. 「初めて拝見するお名前です。失礼ですが、どのようにお読みすればよろしいですか」と尋ねた。
3. 「恐れ入りますが、お名前様はどのようにお読みすればよろしいですか」と尋ねた。
4. 直接本人には確認せず、後で名前の読み方を調べた。

□**26** 名刺交換で名刺を差し出すときの基本マナーです。不適切なものはどれですか。次の中から1つ選びなさい。

1. 年配者と若者の場合、若者から先に差し出す。
2. 会社訪問の場合、訪問した人から先に差し出す。
3. 地位（役職）が下の人から先に差し出す。
4. 異業種交流会で、大企業と中小企業の場合、中小企業の人から先に差し出す。

学習日 ／

25 重要度★★★

1．× 「変わったお名前」という表現は、ネガティブな響きがあり、相手の気分を害する可能性があります。

2．○ 適切な対応です。このほか、「恐れ入りますが、こちらはなんとお読みすればよろしいのでしょうか」など、相手の立場に立って、ソフトな表現を心がけます。

3．× 尋ね方は、間違っていません。しかし、「お名前」に「様」はつけません。正しくは、「お名前はどのようにお読みすればよろしいでしょうか」と尋ねます。

4．× 名刺交換の際、相手に名前の読み方を尋ねるのは、失礼ではありません。読み方を確認した後、会話の中で相手の名前を呼びかけることで、記憶が定着しやすくなります。

26 重要度★★★

名刺は、ビジネスで初めて面会したときに、互いに「これから長いお付き合いをよろしくお願いします」という意味を込めて交換し合うものです。

名刺交換は、今では、同時交換が一般的です。しかし、以前の名刺交換では、目下の人から目上の人へ自分の名刺を差し出して挨拶し、その際、目上の人が必ずしも名刺を渡すとは限りませんでした。

そのため、同時交換の場合でも、まずは目下の人（または訪問した人）や、地位の低い人から名刺を差し出します。

企業規模は、地位の上下を表すものではありません。名刺交換では、ビジネス上の立場（地位）の上下で判断します。したがって、正解は4．です。

4

□**27** 外出先で名刺交換をするための準備として問題があるものはどれですか。次の中から1つ選びなさい。

1．名刺入れに入っている名刺の枚数を確認した。
2．名刺に汚れや折れがないか確認した。
3．名刺入れに隙間なく名刺を詰めた。
4．前に名刺交換をした方の名刺を取り出しておいた。

□**28** あなたは、自社のフロアの廊下で、胸に来客名札をつけているお客様が右往左往しているのを見ました。お客様にコミュニケーションを取る場合、ふさわしくないものはどれですか。1つ選びなさい。

1．「なにかご用でしょうか」
2．「いかがなさいましたか」
3．「どちらかお探しでしょうか」
4．「なにかお困りでしょうか」

27 重要度★★★

仕事で外出する際は、予定していた人数よりも多くの人と名刺交換をする場合もあるため、多めに名刺を用意しておきます。しかし、3．のように、名刺入れに隙間なく名刺を入れてしまうと、取り出しにくくなり、名刺交換の場面で慌てることがあります。

仕事で外出する際は、名刺入れには取り出しやすい枚数の名刺を収め、カバンに予備の名刺を入れておくと良いです。

また、以前もらった名刺は名刺入れに入れたままにせず、外出する前に整理しておきます。

3

28 重要度★★★

お客様は、用があって来社しています。したがって、「なにかご用でしょうか」と声をかけるのは、適切とはいえません。正解は1．です。

設問のような状況では、2．3．4．のように声をかけると、親切です。

お客様は、特に、初めて訪問した会社では、トイレの場所に迷ったり、会議室への戻り道がわからなくなる場合もあります。声をかける際は、親切心を表現するように心がけます。

1

□**29** 目が不自由のため白杖を持つお客様をお迎えすることになりました。お客様対応として適切とはいえない行動はどれですか。次の中から1つ選びなさい。

1. お客様をすぐに迎えられるよう玄関ホールで待機した。
2. お客様の前方から「○○様、お待ちしておりました。担当の中村です」と声をかけた。
3. 歩くときは、腕を軽く持ってもらい、お客様の半歩くらい前を歩いて案内した。
4. エレベーターに乗るときは、「お先にどうぞ」と言って、先に入ってもらった。

□**30** 応接室で来客にすすめる席として、最も適切なものはどれですか。次の中から1つ選びなさい。

1. ひじ掛け付きの一人掛けソファ
2. ひじ掛けのない一人掛けソファ
3. ひじ掛け付きの三人掛けソファ
4. ひじ掛けのない三人掛けソファ

学習日 ／

29 重要度★★★

1. ○　適切な行動です。
2. ○　適切な行動です。相手の名前を呼びかけ、自分も名乗ることで、相手は安心して応じられます。なお、目が不自由な方は、後方から声がかかると、振り向くことで方向感覚が失われる場合があります。そのため、前方から声をかけると良いとされています。
3. ○　適切な行動です。
4. ×　適切とはいえない行動です。エレベーターは、お客様が先に乗るのが基本です。しかし、目が不自由な方にとっては、普段利用しない場所でエレベーターのような乗り物に乗るのは、不安が伴います。設問のような場合は、腕を軽く持って、一緒にエレベーター内に入ります。エレベーター内に人がいたら、開ボタンを押してもらいます。だれもいなければ、ドアが閉まらないように注意しながら乗ります。

4

30 重要度★★

応接室では、三人掛けソファの方が、一人掛けソファよりも格が上（上席）です。欧米の「楽な姿勢で座れる席が上席である」という考え方がもとになっています。

同様の理由で、ひじ掛け付きのソファは、ひじ掛けが付いていないソファよりも上席です（腕を休めてゆったりと座れるため）。

□**31** お客様を応接室にご案内します。応接室は進行方向の右側にあり、ドアは右内開きです。次の中から適切なものを1つ選びなさい。

1．お客様の右側を歩き、ドアを開け、お客様に先に入ってもらう。
2．お客様の右側を歩き、ドアを開けて先に入り、応接室に迎え入れる。
3．お客様の左側を歩き、ドアを開け、お客様に先に入ってもらう。
4．お客様の左側を歩き、ドアを開けて先に入り、応接室に迎え入れる。

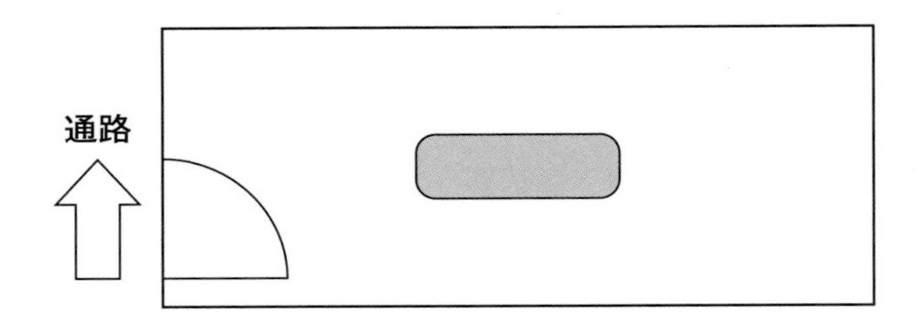

□**32** 商談のために来社したお客様に飲み物を出します。不適切な行為はどれですか。次の中から1つ選びなさい。

1．茶碗に絵柄がある場合、お客様に茶碗の正面が向くようにして置く。
2．茶托に木目がある場合、お客様に向かって木目が縦になるようにして置く。
3．コーヒーカップの場合、取っ手は右側に向くようにして置く。
4．おしぼりを一緒に出す場合、飲み物の右側に置く。

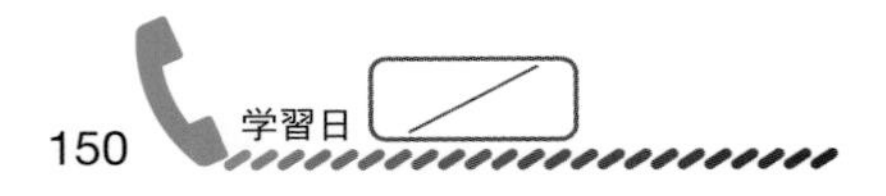

31 重要度★★★

設問の場合、応接室が右側にあるので、お客様の右側を歩きます。

また、ドアが内開きなので、案内者が先に入り、開けたドアを押さえてお客様に入室を促し、上座をすすめます。

32 重要度★★★

1．○　適切です。

2．×　お茶出しの際、茶托に木目がある場合は、お客様に向かって木目が横（並行）になるように置きます。理由は、木製の茶托の場合、縦の木目に沿って持つと、茶碗の重さも相まって、割れる恐れがあるためです。また、木目が印刷された、木製ではない茶托の場合であっても、お客様へのおもてなしの心の表れとして、木目はお客様に向かって横（並行）にして置きます。

3．○　適切です。

4．○　適切です。

ワンポイントアドバイス　ドアの開け方（来客応対）

応接室などにお客様をお通しする際のポイントです。ドアの開き方によって異なります。

- ドアが外開きの場合は、ドアのノブを持ち、お客様を先にお通しする。
- ドアが内開きの場合は、自分が先に入り、ドアを押さえて「どうぞ」と、お客様をお通しする。

□**33** 会議室でお客様にお茶を出しました。適切ではないものはどれですか。次の中から1つ選びなさい。

1．お茶を淹れる前に、茶碗と急須を温めた。
2．入室後、サイドテーブルにお盆を置き、お盆の上で茶碗を茶托にセットした。
3．お茶はお客様の右側に出した。
4．退室する際は、お客様に聞こえるように「失礼いたします」と言って会釈をした。

□**34** 来訪者にペットボトルのお茶を出すシーンで、不適切と思われるものはどれですか。次の中から1つ選びなさい。

1．蓋をとって出した。
2．ペットボトルオープナーを用意した。
3．ストローを添えて出した。
4．紙コップを添えて出した。

33 重要度★★★

正解は、4．です。退出する際は、ドアの手前で声を出さずに一礼します。

ビジネスシーンでのお茶出しは、迅速さと、会議室での会話を妨げない配慮が求められます。

4

34 重要度★★★

1．のように蓋をとって出すと、いつ開けたのかがわからず、相手を不安にさせる場合があります。したがって、正解は1．です。

高齢者や女性の中には、蓋を開けるのに苦労する方もいるため、2．のようにオープナーを添えて出すのも問題ありません。

また、お客様の中には、ペットボトルに直接口をつけるのは避けたいという方もいます。したがって、3．の「ストローを添える」、4．の「紙コップを添える」などの出し方も問題ありません。

1

□**35** 来客にお茶とお菓子とおしぼりを出すことになりました。お客様から見て適切な置き方はどれですか。次の中から1つ選びなさい。

1. 左におしぼり、中央にお菓子、右にお茶。
2. 左におしぼり、中央にお茶、右にお菓子。
3. 左にお菓子、中央におしぼり、右にお茶。
4. 左にお菓子、中央にお茶、右におしぼり。

□**36** あなたは得意先の会社に訪問し応接室に通されました。案内者から「面会者が約束の時間に10分ほど遅れる」と話がありました。案内者が退室後の行動として、不適切なものはどれですか。次の中から1つ選びなさい。

1. すすめてくれた奥にあるソファ席に座った。
2. 出してくれたお茶に口をつけた。
3. 室内にある絵画や調度品を見て回った。
4. 手土産の入った紙袋を足元に置いた。

35 重要度★★★

日本では、お茶とお菓子の場合、お菓子の方が格が高いとされています。また、日本では「左上位」という考え方があります。そのため、来客へのお茶出しをする際は、お菓子は左、お茶は右に置きます。

設問の場合では、お茶とお菓子のほかに、おしぼりを出します。おしぼりは最初に使うものなので、使いやすいように一番右に置きます。

したがって、「左にお菓子、中央にお茶、右におしぼり」が適切な置き方です。

4

36 重要度★★★

1. ○ ソファ席は上座です。案内者にすすめられた場合は、座って構いません。ただし、ソファに一人で座るときは、ソファの奥側（上座）よりも、手前側（下座）の席に座る方が、謙虚な振舞いです。
2. ○ 面会者が遅れることを知らされて、あなたのお茶を出してくれたのなら、先に口をつけて構いません。「どうぞお茶を飲んでお待ちください」という相手の心遣いです。
3. ○ 部屋にある絵画や調度品は、見て回って構いません。商談の始まりでの雑談の際に、良い話題になります。ただし、事故防止のため、直接手で触れるのは避けます。
4. × 持参した手土産は、相手に差し上げるものです。足元に置くのではなく、椅子の上に置きます。

4

□**37** 商談のために通された会議室で座って待っていました。取引先の担当者が入ってきます。このような場面で、どの時点で立ちますか。適切なものを1つ選びなさい。

1．ドアをノックする音が聞こえた時点。
2．ドアが開いた時点。
3．担当者が入室して目があった時点。
4．担当者が席に近づいてきた時点。

□**38** お茶を出されましたが、「どうぞ」の一言がありませんでした。以下の中で、最も適切なものを次の中から1つ選びなさい。

1．先方が飲んだのを見て、「いただきます」と言って一口飲んだ。
2．打ち合わせが終わる頃に、「せっかくですから」と言って半分だけ飲んだ。
3．5分程度で会話が一段落したときに、全部飲んだ。
4．すすめられなかったので、飲まずに帰ってきた。

37 重要度★★★

会議室では、立っている人と座っている人とでは、立っている人の方が下の立場になります。立つことが、座っている人を敬う行動であるためです。

訪問先では、ドアのノックが聞こえた時点で、訪問した方も立ち上がることで、相手に敬意を示します。

1

38 重要度★★★

1．○

2．×　「美味しくなかったから残した」と思われる可能性があるため、せっかく飲むのであれば、残さず全部飲む方が良いです。

3．×　打ち合わせの途中で全部飲むと、お茶のおかわりを要求しているように感じます。相手とのタイミングをはかりながら、少しずつ飲む方がよいです。

4．×　「どうぞ」とすすめられる前に口をつけるのは好ましくありません。しかし、飲まずに帰ってくるのは、せっかくお茶を淹れてくれた人の好意を無にするようで失礼です。すすめられなくても、タイミングをみて、「せっかくですからいただきます」と言って飲む方がよいです。

1

□**39** 訪問先で会議資料を取り出した後のビジネスバッグは、どこに置いたらよいですか。適切なものを次の中から1つ選びなさい。

1. 足もとの床に置いた。
2. 隣の椅子の上に置いた。
3. テーブルの上の下座に置いた。
4. 椅子の背もたれと自分の間に置いた。

□**40** 訪問のマナーで不適切なものはどれですか。次の中から1つ選びなさい。

1. 受付の前に行ってからコートを脱いだ。
2. 約束の5分前に受付を済ませた。
3. 会議室で席の指定をされなかったので、入り口に近い席に座った。
4. お茶は相手にすすめられるまで手を付けなかった。

39 重要度★★★

ビジネスバッグは、トイレなどに持って行ったり、直接床に置いたりします。そのビジネスバッグを、椅子やテーブルの上に置くのは、配慮に欠けます。

ビジネスバッグは、自分が座る椅子の足もとの床に置きます。したがって、正解は１．です。

ただし、小ぶりなバッグであれば、隣の椅子の上や、椅子の背もたれと自分の間に置いても問題ありません。

1

40 重要度★★

コートを脱ぐタイミングは、訪問先の方に会う前です。したがって、正解は１．です。

なお、コートをたたむときは、コートの表面に付いた埃や塵を建物内に持ち込まないように、裏地側を外にします。

1

□**41** 来客1人を会議室に案内するのに1階からエレベーターに乗ります。エレベーターには、人は乗っていません。お客様にすすめる場所として、次の4つの選択肢の中で最も適切なものはどれですか。1つ選びなさい。

1. エレベーターの奥
2. エレベーターの中央
3. エレベーターの入り口付近、操作盤のない側
4. エレベーターの入り口付近、操作盤のある側

□**42** お客様を上の階の会議室まで案内するのにエレベーターを使います。乗り降りする一連の動作で、不適切なものはどれですか。1つ選びなさい。

1. お客様に「お先にどうぞ」と言って、先にエレベーターに乗ってもらった。
2. お客様に「奥にどうぞ」と言って、エレベーターの奥側をすすめた。
3. お客様に「そちらにどうぞ」と言って、操作盤の前をすすめた。
4. お客様に「お先にどうぞ」と言って、エレベーターから先に降りてもらった。

41 重要度★★

1. ○ エレベーターの中では、出入り口から遠い、奥の位置が上座です。よって、お客様にすすめる場所として適切です。
2. × エレベーターの中央は、お客様だけの専用エレベーターならば問題ありません。しかし、だれもが乗るエレベーターの場合、後から人が乗ってくると、お客様に気を遣わせる場合があります。したがって、お客様にすすめる場所としてはふさわしくありません。
3. × 操作盤がなくても、出入り口付近は下座です。したがって、お客様にすすめる場所としてはふさわしくありません。
4. × 操作盤の前は、ドアの開閉や行き先階のボタンを押すなどの操作場所であるため、最も下座です。したがって、お客様にすすめる場所としてはふさわしくありません。

1

42 重要度★★★

1. ○ エレベーターなどの乗り物は、「乗るのも降りるのもお客様が先」が基本です。よって、適切な動作です。ただし、お客様が複数人のときなどは、「お先に失礼いたします」と言って、自分が先に乗り、「開」ボタンを押す場合もあります。
2. ○ エレベーター内では、奥が上座です。したがって、適切な動作です。
3. × エレベーター内では、出入り口付近（特に操作盤の前）は下座です。したがって、お客様に下座の位置をすすめているため、不適切な動作です。
4. ○ エレベーターなどの乗り物は、「乗るのも降りるのもお客様が先」が基本です。したがって、適切な動作です。

3

□**43** 新商品の展示会に取引先の課長と担当者を招待しました。会場の最寄り駅で待ち合わせし、3名でタクシーを使って会場に向かいます。タクシーの席順として正しいものはどれですか。次の中から1つ選びなさい。

1. 助手席に取引先の担当者／後部座席右側に取引先の課長／後部座席左側に自分
2. 助手席に取引先の課長／後部座席右側に取引先の担当者／後部座席左側に自分
3. 助手席に自分／後部座席右側に取引先の担当者／後部座席左側に取引先の課長
4. 助手席に自分／後部座席右側に取引先の課長／後部座席左側に取引先の担当者

□**44** 会食での席次の基本的な考え方として、不適切な記述はどれですか。次の中から1つ選びなさい。

1. 景色が良い席は、上座である。
2. 床の間の前の席は、上座である。
3. 入り口から遠い席は、下座である。
4. 調理場に近い席は、下座である。

43 重要度★★

自動車（タクシー）の席次は、国際プロトコールの「右上位」が適用されます。

タクシーに３名で乗車する場合、後部座席右側が最上位席で、次に後部座席左側、その次が助手席です。

設問では、取引先の人を展示会に招待するという設定です。招待する側の人（自分）は助手席に座り、道案内や支払いなど、ドライバーとのやりとりを行います。後部座席右側には取引先の課長が座り、後部座席左側には取引先の担当者が座ります。したがって、正解は**４．**です。

44 重要度★★

席次（せきじ）とは、座る順番を意味する言葉です。

「上座」には、立てるべき人（目上の人やお客様など）が座ります。

部屋の入り口から遠い席、景色が良い席、和室では床の間の前が上座です。

「下座」には、目下の人や、もてなす側の人が座ります。

入り口に近い席や調理場近くの席は、人の出入りが多く、ゆっくり寛げないため、下座です。

したがって、正解は**３．**です。

□**45** オフィスの自席からWeb会議に参加する場合、次の4つ選択肢のうち適切とはいえないものを1つ選びなさい。

1. 相手から届く音声はスピーカーを使わず、イヤホンやヘッドホンを使って聞く。
2. 自分の音声は、小さな声でも明瞭に相手に聞こえるように、小型マイクを使用する。
3. オフィスの自席からアクセスしていることがわかるように、カメラはオンで使用する。
4. 有線LANと無線LANと両方使える場合には、有線LANを使用する。

□**46** あなたは、得意先から招待されたオンライン会議（参加者数は6人）に参加します。会議に接続するにあたり、不適切な行為はどれですか。次の中から1つ選びなさい。

1. 5分前に指定のURLにアクセスした。
2. 接続時はビデオカメラとマイクをオンにした。
3. 接続したが、主催者からの呼びかけがあるまで黙って待機した。
4. 表示名は、画面表示名を編集する機能を使って、会社名と氏名に設定した。

45 重要度★★★

Web会議やWebセミナー・研修に参加する場合には、可能な限り、個室または会議室を使用します。しかし、急なWeb会議など、オフィスの自席から出席するときには注意が必要です。

1. ○　受信する音声は、周囲の迷惑にならないように、イヤホンやヘッドホンを使用します。
2. ○　発言する際には、小さな声にも対応できる小型のマイクを使用します。
3. ×　オフィスの自席から、Web会議などに参加する際は、周囲の人や社内の情報が誤って映りこむことで情報漏えいにならないように、カメラはオフにして参加します。
4. ○　Web会議は安定した高速通信が求められるため、有線LANが有効です。

3

46 重要度★★★

不適切な行為は、3.「接続したが、主催者からの呼びかけがあるまで黙って待機した」です。

大勢が参加するセミナーなどの場合は、黙って待機することもあります。しかし、設問は、6人が参加する得意先とのオンライン会議です。接続したら、「(朝) おはようございます。もしもし商事の山田　太郎です。本日はよろしくお願いいたします」などのように、自分から挨拶をしてから、開始時刻まで待機します。

3

□**47** 社内でWeb会議ツールを利用しています。Web会議におけるマナーとして、最も適切なものはどれですか。次の中から1つ選びなさい。

1. 会議時間を短くするため、なるべく速めに話した。
2. 普段着で参加してよいという指示があったので、Tシャツで参加した。
3. 自宅の生活音が気になったため、ほかの客がいる近くの喫茶店で会議に参加した。
4. 背景の映りこみに気をつけるため、ツールの機能で背景をぼかした。

47 重要度★★★

Web会議ツールを使うときにも、ビジネスシーンと同じようにマナーがあります。

1．× Web会議では、映像と音声の伝わり方が異なります。発言するときは、早口にならずに、ゆっくりはっきり話すことが重要です。

2．× たとえ、普段着で参加してよいという指示があっても、Tシャツのような服装ではなく、ビジネスカジュアルの服装が望ましいです。

3．× 喫茶店などでWeb会議に参加すると、音が漏れることで、情報漏えいに繋がります。Web会議は、ヘッドセット（マイク付きのイヤホンやヘッドホン）を使い、個室などの静かな場所で参加します。

4．○ Web会議に参加する際、背景が映りこまないように、ツールの機能で背景をぼかすのは、情報漏えいの対策として有効です。ほかに、情報漏えいの対策として、壁紙を使うなどの方法もあります。

4

□**48** TeamsやSlackなどといったコミュニケーションツールを利用しています。チャネル全体のメンバーに知らせる必要がなく、一度限りの会話を交わしたいときに利用する機能はどれですか。次の中から1つ選びなさい。

1．アクティビティ
2．ダイレクトメッセージ
3．リプライ
4．ワークスペース

□**49** ビジネスチャットにおいて、次の図のようなログインユーザーの現在状況を確認できる機能はどれですか。次の中から1つ選びなさい。

● 連絡可能
○ 取り込み中
○ 応答不可
○ 一時退席中
○ 退席中表示

1．チャネル機能
2．タグ機能
3．メンション機能
4．プレゼンス機能

48 重要度★★★

ダイレクトメッセージは、チャネル外で小規模のやりとりができる機能です。

基本、ダイレクトメッセージのやりとりは1対1ですが、コミュニケーションツールによっては、グループのやりとりも可能です。

チャネル全体のメンバーに知らせる必要がなく、一度限りの会話を交わしたいときに利用します。

49 重要度★★★

「プレゼンス機能」を利用することで、「連絡可能」や「取り込み中」など、ログインユーザーの現在の状況を確認できます。

したがって、正解は**4.** です。

□**50** 職場では、ソーシャルハラスメントという問題があります。次の4つのうち、当てはまらないものを1つ選びなさい。

1. 先輩が後輩に「LINEやってないの？　部のみんなでやってるよ！」とLINEの使用をしきりにすすめる。
2. 上司が部下に「Facebookで友達申請をしたから、承認してよ！」と承認を頼む。
3. ベテラン社員が新入社員に「会議への出席依頼をメールでしてたんだけど、返事はまだ？」と返事を催促する。
4. 上司が部下に「昨日投稿した写真見てくれた？　なんでもいいからコメントしてよ！」とコメントを催促する。

□**51** メールやチャットでファイルを送信するとき、「ファイルを暗号化して送るように」と指示がありました。次の4つのうち、ファイルが暗号化される操作を1つ選びなさい。

1. ファイルにパスワードを設定する。
2. 元のファイルをZIPファイルにして圧縮する。
3. 元のファイルをPDFファイルに変換する。
4. ファイル名にある拡張子を「.exe」に書き換える。

50 重要度★★★

職場での地位や立場の優位性を利用した、SNSを通じての嫌がらせを「ソーシャルハラスメント」といい、その被害は、現在も増えています。「ソーシャルハラスメント」に該当するのは、LINEの使用の強要、友達申請の強要、「いいね！」やコメントの催促などです。

3．の場合は、通常の業務上のやりとりだと考えられます。したがって、正解は**3．**です。ただし、言い方や表現方法によっては、相手に強い圧力がかかることもあるので注意が必要です。

3

51 重要度★★★

ファイルの暗号化には、いくつか方法があります。設問の場合では、ファイルにパスワードを設定します。したがって、正解は**1．**です。

2．や**3．**のように、ZIPファイルやPDFファイルにするだけでは、暗号化できません。ZIPファイルやPDFファイルにする場合、パスワードを設定すれば暗号化できます。

また、**4．**のように、ファイルの拡張子を書き換えるだけでは、暗号化できません。

1

□**52** コミュニケーションツールやSNSでは、チャット機能を利用できます。A社から商品を初めて購入したB社担当者から、チャット機能を利用して取引先からの納品確認をするメッセージを送信しようとしています。どのメッセージが最も適切ですか。次の中から1つ選びなさい。

1. 本日はご依頼していた商品の納品日です。ご対応のほど、お願いいたします。
2. いつもお世話になっております。本日は先月ご依頼させていただいた商品の納品日になっております。お忙しいところ大変恐縮ですが、よろしくお願いいたします。
3. 今日は商品の納品ですよね？　すぐに納品してくれ！
4. いまどのような状況なのか、全くわかりません。今日は納品日。

□**53** Aさんにファイルを添付したメールを送信しました。その添付ファイルにはAさんに知られてはいけない情報が複数含まれています。本来送るべきファイルと異なるファイルを添付して、送ってしまったようです。この事故を未然に防ぐためにできたことや、被害を最小限に抑えるためにできたこととして、誤っているものを1つ選びなさい。

1. ファイルを添付した直後に、添付ファイルを開いて内容を確認する。
2. 送信ボタンを押す直前に、添付ファイルを開いて内容を確認する。
3. ファイルにパスワードを設定しておく。
4. ファイルを圧縮してから添付する。

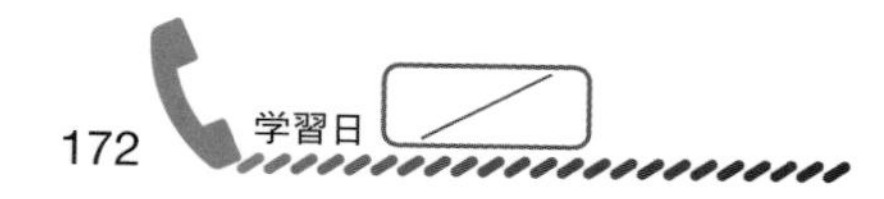

52 重要度★★★

1．○

2．×　コミュニケーションツールで利用するチャットのマナーは、電子メールとは異なります。チャットでは、挨拶を長々と述べません。よって、「いつもお世話になっております」などの慣用語は使いません。

3．×　ビジネスシーンにふさわしい敬語を使うことも大切です。したがって、「すぐに納品してくれ！」のように、口語表現や相手にプレッシャーをかけるような表現は使いません。

4．×　結論は、先に記述します。したがって、今日が納品日であることを先に記述した方が良いです。また、何をしてもらいたいのかを明確に伝える必要があります。

1

53 重要度★★★

4．のように、ファイルを圧縮しても、添付ファイルの誤送信による情報漏えいに対する効果は期待できません。したがって、正解は4．です。

誤送信を未然に防ぐためには、メールに添付ファイルを設定した直後や、送信ボタンを押す直前など、発信前に宛先とファイルの内容を何度も確認する必要があります。

また、ファイルにパスワードを設定しておけば、誤送信した場合でも、情報漏えいの被害を最小限に抑えられます。

4

□**54** ビジネスメールに関する記述です。次の中から適切な記述を1つ選びなさい。

1．件名は簡潔かつ具体的に書く。
2．ビジネスメールの書き出しは、手紙文と一緒で段落ごとに最初の1文字を下げて書く。
3．ビジネスメールでは、「開封確認」のメッセージを必ず付ける。
4．パスワード付きのファイルを添付して送る際、ファイルとパスワードは一緒に送る。

54 重要度★★★

1. ○　適切な記述です。メールの件名を書くときは、用件をまとめ、読みやすく、簡潔に、具体的な表現をするように心がけます。

2. ×　ビジネス文書は段落ごとに１文字下げますが、メールでは１文字下げません。メールとビジネス文書の書き方は違います。

3. ×　「開封確認」とは、受信者がメールを開くと、送信者に「開封確認メッセージ」が送られる機能です。送信したメールが届いたことを確認できるため、送信者の立場からは便利な機能です。しかし、メールを受信する側にとっては、報告を強要されているように感じたり、監視されているような気持ちになったり、違和感を覚えることが多い機能です。そのため、「必ず付ける」という記述が誤りです。

4. ×　パスワードをメールで送る場合は、ファイルを添付したメールとは別のメールで送ります。

1

5 法的知識

過去問題

□1 個人情報保護法で示されている個人情報の定義について、正しいものを次の中から1つ選びなさい。

1. 個人情報は、個人が働く会社に関する情報である。
2. 個人情報は、個人の氏名以外に関する情報である。
3. 個人情報は、生存する個人に関する情報である。
4. 個人情報は、成人した個人に関する情報である。

□2 監視カメラで撮影された映像について、誤っている記述はどれですか。次の中から1つ選びなさい。

1. 監視カメラで撮影された映像は、それによって特定の個人が識別できる場合は「個人情報」に該当するが、偶然撮られた映像であれば、個人情報に該当しない。
2. 映像の記録が特定の個人を、コンピューターを使って検索できるように体系的に構成されているか、または録画された個人の映像を一定の規則にしたがって整理することにより個人情報を容易に検索できるように体系的に構成されている場合は、「個人情報データベース等」に該当する。
3. 個人情報取扱事業者が監視カメラを設置する場合、利用目的の特定や、個人情報の不適正な取得の禁止などの義務が課される。
4. 個人情報取扱事業者は、個人情報の利用目的を原則として通知または公表する義務がある。警察の捜査に協力するなどの防犯目的のためにビデオカメラを設置し撮影する場合は、当該利用目的の公表を必要としない場合に当たる。

学習日

解答・解説

1 重要度★★★

「個人情報」は、生存する個人に関する情報です。

したがって、正解は3．です。

3

2 重要度★★★

たとえ、偶然撮られた映像であっても、個人が識別できる場合は、個人情報に該当します。したがって、正解は1．です。

1

ワンポイントアドバイス 個人情報とは

「個人情報」とは、生存する個人に関する情報であって、次のいずれかに該当するものです。

- 当該情報に含まれる氏名、生年月日などによって、特定の個人を識別できるもの（ほかの情報と容易に照合でき、それによって特定の個人を識別できるものを含む）。
- 個人識別符号が含まれるもの。

出所：個人情報保護法（第2条）

□**3** 個人情報保護法における個人情報の定義は、「生存する個人に関する情報であって、当該情報に含まれる氏名、生年月日その他の記述等により特定の個人を識別することができるもの（他の情報と容易に照合することができ、それにより特定の個人を識別することができることとなるものを含む）」とされていますが、個人情報に該当しないものはどれですか。次の中から1つ選びなさい。

1. 氏名、住所、生年月日
2. 企業の財務情報等、法人等の団体そのものに関する情報
3. 個人情報と紐付く移動履歴
4. 個人情報と紐付く購買履歴

□**4** 次の4つの説明文のうち、個人情報保護法に照らし合わせたとき、誤って書かれているものを1つ選びなさい。

1. 個人情報を含むファイルは、クラウドサービスを使用して保管することが、個人情報保護法で推奨されている。
2. 個人情報を含むファイルを受け渡しするときは、Eメールを利用してもよい。
3. 個人データは正確かつ最新の内容を保ち、利用する必要がなくなったときは遅延なくデータベースから消去するように努める。
4. 個人データを、サーバーに保存していても、1台のパソコンに保存していても、個人情報保護法の対象になり得る。

3 重要度★★★

1．3．4．は、「他の情報と容易に照合することができ、それにより特定の個人を識別することができることとなるもの」であり、個人情報に該当します。

2．は、法人情報であって、個人情報ではありません。したがって、正解は2．です。

4 重要度★★

1．× 個人情報保護法では、個人情報が含まれるファイルを保管するための具体的なシステムやツールについて、明示されていません。

2．○ 正しい記述です。Eメールやクラウドサービスを通じて、個人情報が含まれるファイルの受け渡しを行っても問題ありませんが、高セキュリティなものを使用した方がよいです。

3．○ 正しい記述です。第22条「データ内容の正確性の確保等」に記載されています。

4．○ 正しい記述です。多くの場合、個人データは、サーバーやパソコンに保存して、運用されています。

1

□**5** 個人情報保護法において「個人情報」とは、生存する個人に関する情報で、氏名、生年月日、住所、顔写真などにより特定の個人を識別できる情報をいいますが、記載内容に間違いのあるものを次の中から1つ選びなさい。

1. ほかの情報と容易に照合することができ、それにより特定の個人を識別することができることとなるものは、個人情報に含まれない。
2. 番号、記号、符号などの、その情報単体から特定の個人を識別できる情報で、政令・規則で定められたものを「個人識別符号」といい、個人識別符号が含まれる情報は個人情報となる。
3. 身体の一部の特徴を電子処理のために変換した個人識別符号には、顔認証データ、指紋認証データ、虹彩、声紋、歩行の態様、手指の静脈、掌紋などのデータがある。
4. サービス利用や書類において利用者ごとに割り振られる個人識別符号には、パスポート番号、基礎年金番号、運転免許証番号、住民票コード、マイナンバー、保険者番号などがある。

5 重要度★★★

1．× ほかの情報と容易に照合することが可能で、それにより特定の個人を識別できるものは、個人情報に含まれます。たとえば、生年月日や電話番号などは、それ単体では、特定の個人を識別できない情報です。しかし、氏名などと組み合わせると、特定の個人を識別できるため、生年月日や電話番号などの情報は、個人情報に該当する場合があります。したがって、1．の「個人情報に含まれない」という部分が誤りです。また、メールアドレスのユーザー名やドメイン名から特定の個人を識別できるときは、メールアドレス自体が個人情報に該当する場合があります。

2．○ 正しい記述です。

3．○ 正しい記述です。

4．○ 正しい記述です。

1

□6　オンラインゲームにおいて、ニックネームやIDが公開されている場合に個人情報に該当するかどうかについて、正しい記述はどれですか。次の中から1つ選びなさい。

1. オンラインゲームにおけるニックネームは、常に個人情報には該当しない。
2. オンラインゲームにおけるIDは、常に個人情報には該当しない。
3. ニックネームまたはIDが、自ら保有するほかの情報と容易に照合でき、それにより特定の個人と識別できる場合は、個人情報に該当する。
4. 有名なニックネームであっても、ニックネームは本名ではないため、個人情報に該当しない。

□7　個人情報取扱事業者の第三者への個人情報の提供は原則禁止です。しかし、本人の同意を得れば可能になる場合もあります。そのほか、法の定める例外（除外規定）に当てはまれば、本人の同意を得なくても第三者への提供は可能です。次のうち、本人の同意なしで第三者提供できる場合に当てはまらないものはどれですか。

1. 警察からの照会があった場合。
2. 大規模災害が起きて被災者情報などを家族や行政機関に提供する場合。
3. 以前勤めていた社員の転職先から問い合わせがあった場合。
4. 税務署の所得税などに関する調査に対応する場合。

学習日 ／

6 重要度★★

オンラインゲームにおけるニックネーム、および、IDが公開されていても、通常は、特定の個人を識別することはできないため、個人情報には該当しません。

ただし、ニックネームまたはIDを、自ら保有するほかの情報と照合することによって、特定の個人を識別できる場合には、個人情報に該当します。したがって、正解は**3**．です。

また、例外的に、ニックネームやIDから特定の個人が識別できる場合（有名なニックネームなど）は、個人情報に該当するため、**4**．の記述は誤りです。

3

7 重要度★★

「法令に基づく場合」、「生命・身体・財産の保護にかかわる場合であって、本人の同意を得ることが難しいとき」など、個人情報の第三者提供の除外規定（法27条）に当てはまる場合であれば、第三者提供ができます。

3．「以前勤めていた社員の転職先から問い合わせがあった場合」は、個人情報の第三者提供の除外規定に該当しません。したがって、正解は**3**．です。

3

□**8** 個人情報保護法では、個人情報取扱事業者は、個人情報を本人の同意がないまま第三者に提供することはできない、と定めています（法27条）。以下の記載のうち、この「第三者提供」に該当しない場合はどれですか。次の中から1つ選びなさい。

1. 親子兄弟会社、グループ会社の間で個人データを交換する場合。
2. フランチャイズ組織の本部と加盟店の間で個人データを交換する場合。
3. 同業者間で、特定の個人データを交換する場合。
4. 同一事業者内で他部門へ個人データを提供する場合。

□**9** 会社の従業員の個人情報の取扱いについて、次のうち正しいものはどれですか。1つ選びなさい。

1. 従業員の個人情報は、多くの目的に使用できるように、特に目的を規定せずに取得しておくことができる。
2. 会社が自社の取引先に従業員の個人情報のリストを渡す際は、原則として従業員本人の同意が必要である。
3. 外国人従業員の個人情報は、個人情報保護法では保護されない。
4. 退職した従業員の個人情報についても保管しておく義務がある。

8 重要度★★

同一事業者内で、個人データのやりとりをする場合は、第三者提供に該当しません。

したがって、正解は**4.** です。

4

9 重要度★★

1. × 従業員の個人情報を取得する場合は、利用目的を規定し、本人に通知または公表しなければなりません。
2. ○ 個人情報は、原則として第三者に提供することはできません。第三者に提供する場合は、あらかじめ本人の同意が必要です。ただし、法の定める例外に該当するとき（警察からの照会や、大規模災害時の被災者情報の家族への提供など）は、本人の同意なしで第三者提供が可能です。
3. × 日本の個人情報取扱事業者が取り扱う個人情報であれば、国籍は関係なく、法による保護の対象となります。
4. × 従業員が退職して不要になった個人情報は、消去する必要があります。

□**10** 事業者が個人情報を取り扱う際の、利用目的に関する以下の記述のうち、誤っているものを1つ選びなさい。

1．個人情報の利用目的を超える利用は、原則禁止されている。
2．警察の捜査など法令に基づく場合でも、本人の同意を得ずには目的外利用はできない。
3．災害時で人の命にかかわる場合などは、本人の同意を得ずに個人情報を目的外利用できる。
4．個人情報を取得する際には、利用目的を本人に伝える必要がある。

□**11** 個人情報保護法は3年ごとに見直しがなされます。2022年4月から、改正個人情報保護法が施行されています。2022年改正で新たに加わったルールは次のうちどれですか。1つ選びなさい。

1．仮名加工情報
2．要配慮個人情報
3．利用目的の特定
4．個人識別符号

10 重要度★★

原則として、個人情報の目的外利用は禁止です。しかし、個人情報保護法第18条3項に当てはまる場合は、本人の同意がなくても、利用目的の達成に必要な範囲を超えた個人情報の利用を認めています。

法第18条3項第1号の「法令に基づく場合」には、「警察の捜査関係事項照会に対応する場合」も含まれます。したがって、**2.** が誤りです。

1. 3. 4. は、いずれも正しい記述です。

2

11 重要度★★

2022年の改正個人情報保護法では、データの利活用を促進する観点から、「仮名加工情報」制度が新設されました。

「仮名加工情報」とは、「ほかの情報と照合しない限り、特定の個人を識別できないように、個人情報を加工して得られる個人に関する情報」です。

事業者の内部で、データを有効活用するための制度であるため、「仮名加工情報」は、個人からの開示・訂正・利用停止請求には応じなくてよいとされています。

6 実技問題

過去問題

□1

＜状況設定＞

会社名　：もしもし物産株式会社
応対者　：もしもし物産株式会社　企画部
　　　　　梅田　薫（うめだ　かおる）社員
応対日時：＜ケース１＞3月3日（金）10時00分
　　　　　＜ケース２＞3月3日（金）10時10分

　あなたは、もしもし物産株式会社企画部の梅田社員です。企画部は、毎月定例の新商品検討会議をWebで開催しています。会議には、社内の8つの部署から、新商品検討会議メンバーが毎回出席します。次回の検討会議は3月7日（火）の予定です。あなたは会議の事務局として、開催案内のメールを送っていますが、一部のメンバーから出欠連絡の返信が来ていません。

　返信のない2名のメンバー（アメリカ雑貨部の坂本部長と西日本営業部の中村次長）に、電話をかけて出欠の確認をしてください。ご本人が不在などで、すぐに出欠が確認できない場合は、電話に出た方に伝言して、3月6日（月）のお昼までにお返事をもらうようにしてください。

＜もしもし物産株式会社＞

会社所在地	東京都千代田区東神田2-6-9
電話番号	03-5820-2071（企画部直通）
URL	https://www.jtua#.co.jp
E-mail	bussann@jtua#.co.jp
業務内容	インテリア雑貨の輸入販売
企業理念	美しさと楽しさを世界から
従業員数	300名

＜新商品検討会議メンバー出欠状況＞

所属	氏名	出欠確認状況
アジア雑貨部	部長　平木　哲夫 （ひらき　てつお）	出席
ヨーロッパ雑貨部	部長　長谷川　由紀子 （はせがわ　ゆきこ）	課長　三浦　陽子 （みうら　ようこ） 代理出席
アメリカ雑貨部	部長　坂本　蒼 （さかもと　あおい）	未返信
広報・イベント部	次長　福山　麻衣 （ふくやま　まい）	出席
物流センター	副センター長　鈴木　崇 （すずき　たかし）	出席
東日本営業部	次長　平山　和雄 （ひらやま　かずお）	出席
西日本営業部	次長　中村　純 （なかむら　じゅん）	未返信
オンラインショップ	店長　石田　浩平 （いしだ　こうへい）	出席

＜会議案内メール＞

- メンバー全員に以下のメールを送っています。
- メール配信日時：2023年2月13日（月）13時30分

新商品検討会議メンバー各位

お世話になっております。企画部の梅田です。

毎月第1火曜日に開催している新商品検討会議のご案内です。

出欠について、3月2日（木）までに、メール返信にてご連絡いただけますよう、よろしくお願いいたします。ご本人様欠席の場合は、代理の方の出席をお願いいたします。

1．会議名　　2022年度　第12回　新商品検討会議
2．開催日時　2023年3月7日（火）11：00 ～ 12：00
3．開催方法　Web会議
　＊出席者には、前日までに招待メールをお送りします。

ご不明な点がございましたら、ご遠慮なくお問い合わせください。
お手数をおかけいたしますが、よろしくお願いいたします。

もしもし物産株式会社
企画部　梅田　薫
オフィス：東京都千代田区東神田2-6-9
電話　　：03-5820-2071
Eメール：k.umeda@jtua#.co.jp

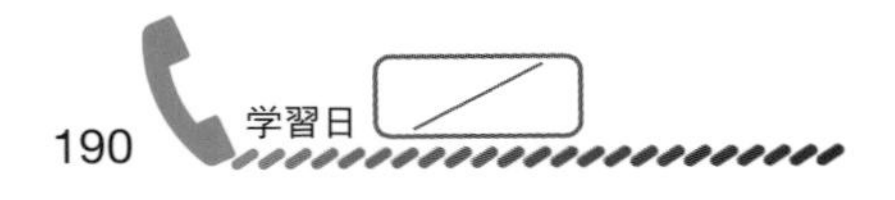

（応対時間は3分以内とする。応対部分のみを測定）

模擬応対者	応対者
	＜ケース１＞ （電話をかける）
①「・・・・・・・・・・・・・・・・・」	
	②「・・・・・・・・・・・・・・・・・」
③「・・・・・・・・・・・・・・・・・」	
	④「・・・・・・・・・・・・・・・・・」
⑤「・・・・・・・・・・・・・・・・・」	
	⑥「・・・・・・・・・・・・・・・・・」
模擬応対者から電話を切ります。	
	（ケース１終了。そのまま続けます）
	＜ケース２＞ （電話をかける）
⑦「・・・・・・・・・・・・・・・・・」	
	⑧「・・・・・・・・・・・・・・・・・」
⑨「・・・・・・・・・・・・・・・・・」	
	⑩「・・・・・・・・・・・・・・・・・」
⑪「・・・・・・・・・・・・・・・・・」	
	⑫「・・・・・・・・・・・・・・・・・」
⑬「・・・・・・・・・・・・・・・・・」	
	⑭「・・・・・・・・・・・・・・・・・」
模擬応対者から電話を切ります。	（終了）

＜注意事項＞

※模擬応対者はあらかじめ決められた状況に沿って応対しますが、その内容は応対者には開示されません。

※模擬応対者は状況設定内で、応対者に合わせて質問に答えたり相づちを打ったりします。したがって、応対者の質問によりスクリプトの番号は、増えても減っても構いません。

※模擬応対者は、応対者に合わせて原則自由に会話展開ができますが、時間オーバーとならないように配慮することとなっています。たとえば、模擬応対者の発言の中には確認のための復唱も含まれますが、模擬応対者は、簡潔に必要事項を復唱

することとしています。

※受検者の言葉が聞き取れないときや応対者の質問に答えられないときに、模擬応対者から質問することがあります。

※想定にないことは自由に会話して構いませんが、加点にも減点にもなりません。

※文中の会社／団体名・人物氏名・住所・電話番号などはすべて架空のものです。

模擬応対者の方へ

実技問題を確認の上、下記の模擬応対者情報並びに発言例を基に応対してください。

また、問題に書かれている注意事項に沿って応対してください。

模擬応対者は、2名です。男女を特定していません。

<ケース1　模擬応対者情報>

氏名	渡辺　智（わたなべ　とも）
所属・役職	もしもし物産株式会社　アメリカ雑貨部　主任

<ケース1　模擬応対者の状況>

あなた（渡辺　智〔わたなべ　とも〕）は、もしもし物産株式会社アメリカ雑貨部の主任です。上司である坂本部長は、今週アメリカに出張中で、帰国は3月5日（日）、3月6日（月）から出社の予定です。あなたは坂本部長が新商品検討会議のメンバーであることは知っていますが、開催日や開催案内など具体的なことは知りません。また企画部の梅田社員のことも知りません。

3月3日（金）10時00分、出社してデスクで仕事をしていると、電話がかかってきました。

■ケース1　模擬応対者の発言例

ケース1の第一声は、以下のとおりに言ってください。

①「おはようございます。もしもし物産アメリカ雑貨部です」

その後は、相手に合わせて、以下のように答えてください。

◎「坂本部長をお願いします」と言われた場合。

⇒「申し訳ありません、坂本部長は今週出張で不在です。出社は3月6日（月）になります。お急ぎですか」

◎「急ぎなので連絡をとれますか」、「急ぎなので携帯電話の番号を教えていただけますか」と言われた場合。

⇒「あいにく、坂本部長はアメリカに出張中です。私、部下の渡辺と申しますが、よろしければご用件をお伺いします」

◎伝言をお願いされた場合。

⇒「（部下の渡辺です。）伝言を承ります。どうぞ」

◎伝言が終わったら（内容の復唱はせず）、

⇒「わかりました。それでは3月6日（月）お昼までに、坂本部長からお返事をするように、お伝えします」

◎ほかに確認したいことがあるか、聞かれた場合。

⇒「ありません」

そのほか、相手の質問に合わせて適宜答えてください。

◎最後は相手の言葉に合わせて、模擬応対者から電話を切ります。

＜ケース２　模擬応対者情報＞

氏名	中村　純（なかむら　じゅん）
所属・役職	もしもし物産株式会社　西日本営業部　次長

■ケース２　模擬応対者の状況

あなた（中村　純〔なかむら　じゅん〕）は、もしもし物産株式会社西日本営業部の次長です。

今月の新商品検討会議が来週の3月7日（火）に開かれることは、2月13日（月）の企画部からのメールでわかっていましたが、出席の連絡は締め切りに間に合えばいいと考え、メールへの返信はしていませんでした。会議の事務局である企画部の梅田さんのことは以前からよく知っています。

先月は西日本営業部の売上げ成績が良く、3月1日（水）の夜には久しぶりに部下と海鮮居酒屋に行き、楽しい時間を過ごしたのですが、生ものにあたってしまったようで、腹痛のため翌日の3月2日（木）は会

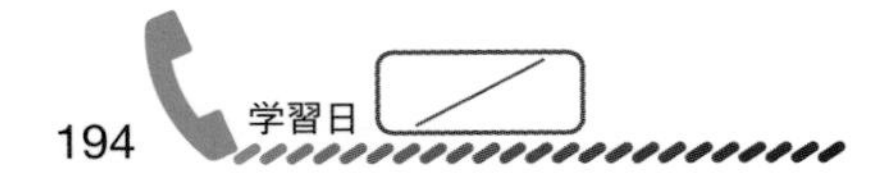

社を休みました。

今日3月3日（金）10時10分、先ほど出社してデスクで仕事をしていると、電話がかかってきました。

■ケース2　模擬応対者の発言例

ケース2の第一声は、以下のとおりに言ってください。

⑦「おはようございます。もしもし物産西日本営業部です」

その後は、相手に合わせて、以下のように答えてください。

◎「中村次長をお願いします」と言われた場合。

⇒「私です」

◎今時間があるかと言われた場合。

⇒「はい」

◎会議への出欠を聞かれた場合。

⇒「昨日は体調が悪く、一日休んでいました。メールの返信が締め切りを過ぎてしまってすみません」

◎体調について尋ねられた場合。

⇒「もう大丈夫です。今は元気です」

◎会議への出欠を再度確認された場合。

⇒「はい、出席します」

◎ほかに確認したいことがあるか、聞かれた場合。

⇒「ありません」

そのほか、相手の質問に合わせて適宜答えてください。

◎最後は相手の言葉に合わせて、模擬応対者から電話を切ります。

＜注意事項＞

※発言はできるだけこのまま言ってください。

※意味が変わらなければ言いやすい言葉に変えても構いませんが、余計な発言を追加したり応対者を誘導したりしないでください。

※説明にわからない部分があった場合は、質問してください。

※相手に合わせて適宜答えることの中に確認のための復唱も含まれますが、模擬応対者は、簡潔に必要事項のみ復唱してください。

※受検者が言葉に詰まり、黙ってしまった場合は、一呼吸か二呼吸（5秒ほど）待って前の発言を繰り返してください。

※受検者が誤った受け取り方をした場合、「違う」と言って前の発言を繰り返してください（模擬応対者が要約しないでください）。

□2

<状況設定>

応対者　：洋食店　キッチンもしもし
　　　　　飯塚　晶（いいづか　あきら）スタッフ
応対日時：1月11日（水）
　　　　　＜1回目＞13時35分　＜2回目＞13時45分

あなたは、洋食店キッチンもしもしの飯塚スタッフです。来店したお客様の席への案内と注文の受付、お帰りのお客様のレジでの会計を担当しています。お客様から、「荷物を席に置き忘れてきたようだ。確認してほしい」との電話が入りました。別室で電話に出たため、すぐに忘れ物を探すことができません。いったん電話を切って、確認してから、お客様の携帯電話に連絡することで了解を得ました。

※忘れ物の荷物は、すぐに見つかりました。レジにて預かっています。
※飯塚スタッフは、本日16時までの勤務で、16時以降は松村巧（まつむら　たくみ）スタッフに交代します。

<キッチンもしもし>

会社所在地	東京都千代田区東神田2-6-9
電話番号	0120-20-6660
URL	https://www.jtua#.co.jp
E-mail	kitchen@jtua#.co.jp
業務内容	洋食レストラン、洋食弁当（店頭販売および配達）
営業時間	（昼）11：30～14：00（夜）17：00～21：00 （休業日）火曜日・年末年始・お盆
企業理念	一流のおいしいをお手軽に

従業員数	8名
客席数	カウンター（4席）・テーブル席（4人掛け×3席、2人掛け×2席） 壁際の椅子は、ベンチソファになっている。また、カウンターおよびテーブルの下には、小さな荷物を置ける棚がついている

（応対時間は、１回目・２回目合わせて3分以内とする。応対部分のみを測定）

模擬応対者	応対者
	＜１回目＞
	（着信音）
	①「・・・・・・・・・・・・・・」
②「・・・・・・・・・・・・・・」	
	③「・・・・・・・・・・・・・・」
④「・・・・・・・・・・・・・・」	
	⑤「・・・・・・・・・・・・・・」
⑥「・・・・・・・・・・・・・・」	
	⑦「・・・・・・・・・・・・・・」
模擬応対者から電話を切ります。	
	（１回目終了。そのまま続けます） （携帯電話に電話をかける）
	＜２回目＞
⑧「・・・・・・・・・・・・・・」	
	⑨「・・・・・・・・・・・・・・」
⑩「・・・・・・・・・・・・・・」	
	⑪「・・・・・・・・・・・・・・」
⑫「・・・・・・・・・・・・・・」	
	⑬「・・・・・・・・・・・・・・」
模擬応対者から電話を切ります。	
	（２回目終了）

<注意事項>

※模擬応対者はあらかじめ決められた状況に沿って応対しますが、その内容は応対者には開示されません。

※模擬応対者は状況設定内で、応対者に合わせて質問に答えたり相づちを打ったりします。したがって、応対者の質問によりスクリプトの番号は、増えても減っても構いません。

※模擬応対者は、応対者に合わせて原則自由に会話展開ができますが、時間オーバーとならないように配慮することとなっています。
たとえば、模擬応対者の発言の中には確認のための復唱も含まれますが、模擬応対者は、簡潔に必要事項を復唱することとしています。

※受検者の言葉が聞き取れないときや応対者の質問に答えられないときに、模擬応対者から質問することがあります。

※想定にないことは自由に会話して構いませんが、加点にも減点にもなりません。

※文中の会社／団体名・人物氏名・住所・電話番号などはすべて架空のものです。

■■■ 模擬応対者の方へ ■■■

実技問題を確認の上、下記の模擬応対者情報並びに発言例を基に応対してください。

また、問題に書かれている注意事項に沿って応対してください。

模擬応対者は、1名です。男女を特定していません。

<模擬応対者情報>

あなた（栗田　静〔くりた　しずか〕）は、モシケン印刷株式会社の社員です。今日は会社の最寄り駅近くの洋食屋「キッチンもしもし」で早めの昼食をとった後、電車で1時間ほどかかる埼玉県大宮市のお客様のオフィスに移動して、打ち合わせをする予定です。

氏名	栗田　静（くりた　しずか）
会社住所	東京都千代田区神田駿河台1-6-5
電話番号	090-7002-2551

<模擬応対者の状況>

あなた（栗田　静〔くりた　しずか〕）は、午後からお客様との打ち合わせがあり、外出しています。打ち合わせは14時からなのですが、電車で1時間ほどかかります。早めに外出の準備をし、会社を出て最寄り駅近くの洋食屋「キッチンもしもし」で昼食をとった後、そのまま電車に乗ることにしました。

キッチンもしもしに11時半過ぎに入ったところまだ空いていたので、一番奥の壁際の4人掛けテーブルに座り、日替わりのハンバーグ定食を注文しました。12時半に店を出て電車に乗り、降車する大宮駅に着いたのは13時半を過ぎていました。

電車に乗ってから、キッチンもしもしに忘れ物をしたことに気づきました。今朝エキナカの本屋で購入した話題のビジネス新書『2030年の

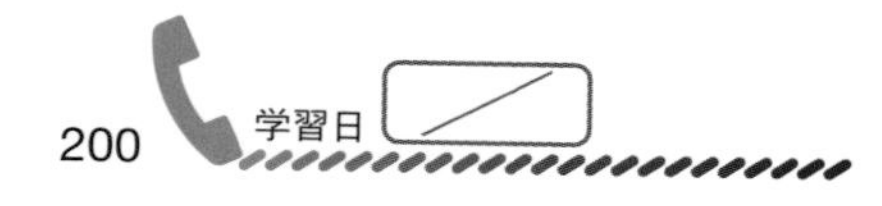

日本経済』と、今日発売の週刊誌です。2冊を本屋のロゴ入りの白い紙の手提げ袋に入れて、電車の移動中に読もうと思っていたのですが、テーブル下の棚に置いて、そのままにしてしまったようです。大宮駅でキッチンもしもしに電話をして、確認してもらうことにしました。

打ち合わせのため、13時50分から15時30分までは、電話に出ることができません。打ち合わせが終わって取りに戻れるのは、だいたい17時頃になりそうです。

■模擬応対者の発言例

1回目の第一声は、以下のとおりに言ってください。

②「荷物を置き忘れてきたようなので、確認していただけませんか？」

その後は、相手に合わせて、以下のように答えてください。

◎いつごろ来たかを聞かれた場合。

⇒「今日の11時半過ぎに着いて、1時間ぐらいいました」

◎座った場所を聞かれた場合。

⇒「一番奥の壁際の4人掛けテーブルに座りました」

◎何人で来たかを聞かれた場合。

⇒「1人です」

◎忘れ物について聞かれた場合。

⇒「本屋のロゴのついた白い紙の手提げ袋です」

◎手提げ袋の中身について聞かれた場合。

⇒「本が2冊入っています」

◎手提げ袋の中身を確認してもよいかと聞かれた場合。

⇒「はい、結構です」

◎どんな本か聞かれた場合。

⇒「『2030年の日本経済』というビジネス新書と週刊誌です」

◎いったん電話を切って確認した後、折り返し電話してもいいか聞かれた場合。

⇒「はい、お願いします」

◎名前と携帯電話番号を聞かれた場合。

⇒「栗田と申します。番号は090-7002-2551です」

◎電話が通じる時間を聞かれた場合。

⇒「13時50分までは通じます」

２回目の第一声は、以下のとおりに言ってください。

◎携帯電話に電話がかかってきたら、

⑧「はい」

その後は、相手に合わせて、以下のように答えてください。

◎取りに来られる時間を聞かれた場合。

⇒「今日の夕方17時頃取りに行きます」

◎ほかに確認したいことがあるか、聞かれた場合。

⇒「ありません」

◎最後は相手の言葉に合わせて、模擬応対者から電話を切ります。

＜注意事項＞

※発言はできるだけこのまま言ってください。

※意味が変わらなければ言いやすい言葉に変えても構いませんが、余計な発言を追加したり応対者を誘導したりしないでください。

※説明にわからない部分があった場合は、質問してください。

※相手に合わせて適宜答えることの中に確認のための復唱も含まれますが、模擬応対者は、簡潔に必要事項のみ復唱してください。

※受検者が言葉に詰まり、黙ってしまった場合は、一呼吸か二呼吸（5秒ほど）待って前の発言を繰り返してください。

※受検者が誤った受け取り方をした場合、「違う」と言って前の発言を繰り返してください（模擬応対者が要約しないでください）。

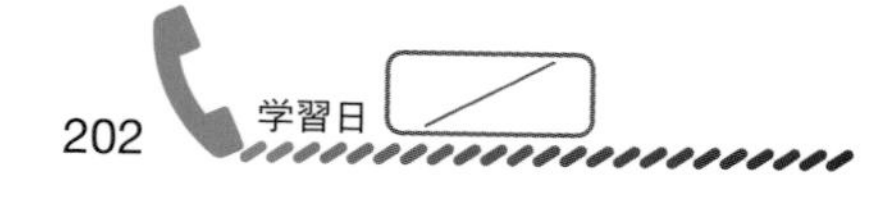

□**3**

<状況設定>

あなたは、もしもし商事株式会社第一営業部門の松橋社員です。

第一営業部門の代表電話へかかってくる1本の電話に対応してください（ケース1）。

その後、ケース1の内容に合わせて電話をかけてください（ケース2）。

会社名　：もしもし商事株式会社
応対者　：もしもし商事株式会社　第一営業部門
　　　　　松橋　葵（まつはし　あおい）社員
応対日時：<ケース1>11月1日（水）11時00分
　　　　　<ケース2>ケース1の電話の直後

<第一営業部門メンバー状況>

［課長］
吉田　二郎
（よしだ　じろう）
在席

［主任］
井上　淳
（いのうえ　じゅん）
外出中　直帰予定

［主任］
山本　かおり
（やまもと　かおり）
ほかの電話に対応中

［担当］
高橋　令
（たかはし　れい）
外出中　16時戻り予定

［担当］
松橋　葵
（まつはし　あおい）
あなたです

もしもし商事第一営業部門は、建築内装資材の注文を受けている部署です。

また、社員は全員、会社から貸与された業務用携帯電話を持っており、携帯電話番号は社員全員に周知されています。

各自のスケジュールは共有されています。

<もしもし商事株式会社　第一営業部門>

会社所在地	東京都千代田区東神田2-6-9
電話番号	0120-20-6660（第一営業部門）
URL	https://www.jtua#.co.jp
E-mail	shoji@jtua#.co.jp
業務内容	建築内装資材の仕入れ・販売
企業理念	迅速・丁寧な仕事をお届けします
従業員数	5名

（応対時間は3分以内とする。応対部分のみを測定）

模擬応対者	応対者
	＜ケース１＞ （電話を受ける）
	①「・・・・・・・・・・・・・・」
②「・・・・・・・・・・・・・・」	
	③「・・・・・・・・・・・・・・」
④「・・・・・・・・・・・・・・」	
	⑤「・・・・・・・・・・・・・・」
⑥「・・・・・・・・・・・・・・」	
	⑦「・・・・・・・・・・・・・・」
模擬応対者から電話を切ります。	
	（ケース１終了。そのまま続けます）
	＜ケース２＞ （電話をかける）
⑧「・・・・・・・・・・・・・・」	
	⑨「・・・・・・・・・・・・・・」
⑩「・・・・・・・・・・・・・・」	
	⑪「・・・・・・・・・・・・・・」
⑫「・・・・・・・・・・・・・・」	
	⑬「・・・・・・・・・・・・・・」
⑭「・・・・・・・・・・・・・・」	
	⑮「・・・・・・・・・・・・・・」
模擬応対者から電話を切ります。	（終了）

＜注意事項＞

※模擬応対者はあらかじめ決められた状況に沿って応対しますが、その内容は応対者には開示されません。

※模擬応対者は状況設定内で、応対者に合わせて質問に答えたり相づちを打ったりします。したがって、応対者の質問によりスクリプトの番号は、増えても減っても構いません。

※模擬応対者は、応対者に合わせて原則自由に会話展開ができますが、時間オーバーとならないように配慮することとなっています。たとえば、模擬応対者の発言の

中には確認のための復唱も含まれますが、模擬応対者は、簡潔に必要事項を復唱することとしています。

※受検者の言葉が聞き取れないときや応対者の質問に答えられないときに、模擬応対者から質問することがあります。

※想定にないことは自由に会話して構いませんが、加点にも減点にもなりません。

※文中の会社／団体名・人物氏名・住所・電話番号などはすべて架空のものです。

模擬応対者の方へ

実技問題を確認の上、下記の模擬応対者情報並びに発言例を基に応対してください。

また、問題に書かれている注意事項に沿って応対してください。

模擬応対者は、2名です。男女を特定していません。

＜ケース1　模擬応対者情報＞

氏名	佐藤　昌（さとう　しょう）
所属・役職	テレコム建設株式会社　社員
連絡先電話番号	03-5820-2071

＜ケース1　模擬応対者の状況＞

あなた（佐藤　昌〔さとう　しょう〕）は、テレコム建設株式会社の社員です。

もしもし商事の高橋　令（たかはし　れい）さんに発注していた壁紙が納品されましたが、確認したところ、発注したものと色が違っていました。ベージュを使いたかったのに、グレーが届きました。

1週間後には使いたいため、急いでベージュの壁紙が欲しいと思い、もしもし商事の高橋さんへ電話することにしました。

■ケース1　模擬応対者の発言例

ケース1の第一声は、以下のとおりに言ってください。

②「テレコム建設の佐藤です。いつもお世話になっております。高橋さんはいらっしゃいますか」

その後は、相手に合わせて、以下のように答えてください。

◎外出していて不在、または、戻ってから折り返すと言われた場合。

⇒「そうですか。実は、高橋さんに注文していた商品とは色が違う物が届いたんです。1週間後には使いたいので、至急届けてほしいんです。高橋さんからできるだけ早く連絡をいただきたいのですが」
◎注文と違っている内容を教えてほしいと言われた場合。
⇒「ベージュの壁紙を頼んだのですが、届いたのはグレーでした」
◎壁紙の種類や型番などを聞かれた場合。
⇒「壁紙の種類は注文したものと同じものが届いています。違うのは色だけです」
◎電話番号を聞かれた場合。
⇒「会社の番号で03-5820-2071です」
◎都合の悪い時間帯を聞かれた場合。
⇒「今日はずっと会社にいますが、できるだけ早く連絡をいただけますか」
◎ほかに確認したいことがあるか、聞かれた場合。
⇒「特にありません」

そのほか、相手の質問に合わせて適宜答えてください。
◎最後は相手の言葉に合わせて、模擬応対者から電話を切ります。

＜ケース2　模擬応対者情報＞

氏名	高橋　令（たかはし　れい）
所属・役職	もしもし商事株式会社　第一営業部門　社員

＜ケース2　模擬応対者の状況＞

あなた（高橋　令〔たかはし　れい〕）は、もしもし商事株式会社第一営業部門の社員です。

今日11月1日（水）11時過ぎに、外出中のところ、業務用携帯電話に職場の代表番号から電話がかかってきました。

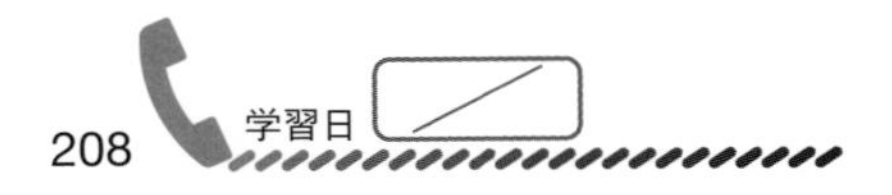

■ケース２　模擬応対者の発言例

ケース２の第一声は、以下のように言ってください。

⑧「はい、高橋です」

その後は、相手に合わせて、以下のように答えてください。

◎今、電話が大丈夫か、と言われた場合。

⇒「大丈夫です」

◎注文していた壁紙の色が違っていることを伝えられた場合。

⇒「届いたのが何色か聞いていますか」

◎届いたのはグレー（または、聞いていない）と言われた場合。

⇒「わかりました」

◎テレコム建設の佐藤様へ電話してほしい、と言われた場合。

⇒「この後、すぐに電話します」

◎佐藤様の会社の電話番号を知っているかと言われた場合。

⇒「電話番号は知っているので大丈夫です」

◎何かできることがあるかと言われたら、または特に言われなくても、

⇒「一つお願いがあるのですが、私のスケジュール表の戻り時間を17時に直してもらえますか」

そのほか、相手の質問に合わせて適宜答えてください。

◎最後相手の言葉に合わせて、模擬応対者から電話を切ります。

＜注意事項＞

※発言はできるだけこのまま言ってください。

※意味が変わらなければ言いやすい言葉に変えても構いませんが、余計な発言を追加したり応対者を誘導したりしないでください。

※説明にわからない部分があった場合は、質問してください。

※相手に合わせて適宜答えることの中に確認のための復唱も含まれますが、模擬応対者は、簡潔に必要事項のみ復唱してください。

※受検者が言葉に詰まり、黙ってしまった場合は、一呼吸か二呼吸（5秒ほど）待って前の発言を繰り返してください。

※受検者が誤った受け取り方をした場合、「違う」と言って前の発言を繰り返してください（模擬応対者が要約しないでください）。

□4

<状況設定>

会社名　：テレコム酒店
応対者　：テレコム酒店　畑中　蓮（はたなか　れん）店員
応対日時：<ケース１>5月10日（水）14時00分
　　　　　<ケース２>5月10日（水）14時10分

あなたは、テレコム酒店の店員の畑中　蓮（はたなか　れん）です。テレコム酒店では、店舗での販売以外に、お得意様への配達も行っています。

あなたは1カ月前からテレコム酒店の店舗で働いていますが、今日は、初めてお得意様へ配達に行くことになっています。午前中に五十嵐　学（いがらし　まなぶ）店長から今日の配達先のメモを渡され、「初めてで遅れるといけないから、14時30分には出発するように」と言われました。店長は、午後から打ち合わせのため外出し、16時30分頃に戻る予定です。あなたは五十嵐店長の携帯電話の番号を知っています。

14時現在、あなたは配達用の軽自動車に商品の積み込みを終え、事務所のデスクにいたところ、電話がかかってきましたので応対してください（電話をかけてきた方のことを、あなたは知りません）。

次に配達先のお得意様に電話をして、配達予定の商品の内容を確認してください。あなたは配達先の「ビアレストランモシケン」に初めて電話をするので、担当の山田さんのことを知りません。

<テレコム酒店>

会社所在地	東京都千代田区東神田2-6-9
電話番号	03-5820-2071（事務所直通）
URL	https://www.jtua#.co.jp
E-mail	liquor@jtua#.co.jp
業務内容	酒類・飲料の販売
企業理念	地域に貢献　何でもそろう酒屋です
従業員数	5名

<お得意様配達メモ>

お得意様名	ビアレストランモシケン
お得意様ご担当者	山田（やまだ）様
配達先ご住所	東京都千代田区神田駿河台1-6-5
電話番号	0120-20-6660
配達希望日時	毎週水曜日15時
5月10日（水） 配達品	ブラウンエール樽生10リットル　1樽 チリ産シャルドネ白ワイン750ml　6本入り1箱 オレンジジュース500ml　24本入り1箱
備考	配達出発前（14時から14時30分頃）に、追加注文がないか電話連絡必要 配達所要時間は車で約20分。レストラン前に駐車可能

（応対時間は3分以内とする。応対部分のみを測定）

模擬応対者	応対者
	＜ケース１＞ （電話を受ける）
	①「・・・・・・・・・・・・・」
②「・・・・・・・・・・・・・」	
	③「・・・・・・・・・・・・・」
④「・・・・・・・・・・・・・」	
	⑤「・・・・・・・・・・・・・」
⑥「・・・・・・・・・・・・・」	
	⑦「・・・・・・・・・・・・・」
模擬応対者から電話を切ります。	
	（ケース１終了。そのまま続けます）
	＜ケース２＞ （電話をかける）
⑧「ビアレストラン　モシケンでございます」	
	⑨「・・・・・・・・・・・・・」
⑩「・・・・・・・・・・・・・」	
	⑪「・・・・・・・・・・・・・」
⑫「・・・・・・・・・・・・・」	
	⑬「・・・・・・・・・・・・・」
模擬応対者から電話を切ります。	（終了）

＜注意事項＞

※模擬応対者はあらかじめ決められた状況に沿って応対しますが、その内容は応対者には開示されません。

※模擬応対者は状況設定内で、応対者に合わせて質問に答えたり相づちを打ったりします。したがって、応対者の質問によりスクリプトの番号は、増えても減っても構いません。

※模擬応対者は、応対者に合わせて原則自由に会話展開ができますが、時間オーバーとならないように配慮することとなっています。たとえば、模擬応対者の発言の中には確認のための復唱も含まれますが、模擬応対者は、簡潔に必要事項を復唱

することとしています。

※受検者の言葉が聞き取れないときや応対者の質問に答えられないときに、模擬応対者から質問することがあります。

※想定にないことは自由に会話して構いませんが、加点にも減点にもなりません。

※文中の会社／団体名・人物氏名・住所・電話番号などはすべて架空のものです。

模擬応対者の方へ

実技問題を確認の上、下記の模擬応対者情報並びに発言例を基に応対してください。

また、問題に書かれている注意事項に沿って応対してください。

模擬応対者は、2名です。男女を特定していません。

<ケース1　模擬応対者情報>

氏名	岡崎　正美（おかざき　まさみ）
所属・役職	洋食店　キッチンもしもし　オーナーシェフ
電話番号	090-7002-2551

<ケース1　模擬応対者の状況>

あなた（岡崎　正美〔おかざき　まさみ〕）は、洋食店キッチンもしもしのオーナーシェフです。

お店で出しているお酒やソフトドリンクを、テレコム酒店から定期的に届けてもらっています。最近赤ワインを頼むお客様が多いので、赤ワインの種類を増やしたいと思い、テレコム酒店の五十嵐店長に、おすすめの赤ワインをいくつか紹介してもらおうと考えています。

5月10日（水）14時、ちょうどランチ営業が終わったところなので、テレコム酒店に電話をしました。

■ケース1　模擬応対者の発言例

ケース1の第一声は、以下のとおりに言ってください。

②「キッチンもしもしの岡崎です。五十嵐店長をお願いします」

その後は、相手に合わせて、以下のように答えてください。

◎店長は不在と言われた場合。

⇒「何時頃だったらお話しできそうですか」

◎店長が戻り次第、折り返しの電話をすることを提案された場合。
⇒「はい、お願いします」
◎外出中で16時30分頃戻る、と言われた場合。
⇒「折り返し電話をもらえるように伝えてください」
◎「いかがいたしましょうか」または「お急ぎでしょうか」と言われた場合。
⇒「お戻りになってからで結構ですので、折り返しの電話をお願いします」
◎折り返しの電話番号を聞かれた場合。
⇒「090-7002-2551です」
◎具体的な用件について聞かれた場合。
⇒「赤ワインの種類を増やしたいので、店長と相談したいんですよ」
◎伝言を承ると言われた場合。
⇒「うちの洋食に合う手頃な赤ワインの相談をしたいと言ってください」
◎ほかに確認したいことがあるか、聞かれた場合。
⇒「ありません」

そのほか、相手の質問に合わせて適宜答えてください。
◎最後は相手の言葉に合わせて、模擬応対者から電話を切ります。

<ケース2　模擬応対者情報>

氏名	山田　琉生（やまだ　るい）
所属・役職	ビアレストラン　モシケン　社員
電話番号	0120-20-6660

<ケース2　模擬応対者の状況>

あなた（山田　琉生〔やまだ　るい〕）は、ビアレストランモシケンの社員です。お店で出すお酒やソフトドリンクを、毎週水曜日の15時に、

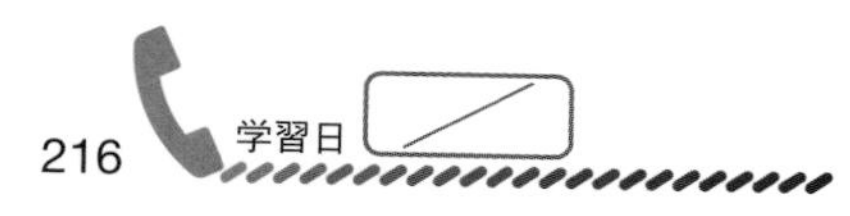

テレコム酒店から届けてもらっています。注文は事前にしていますが、配達日の14時過ぎに電話で最終確認をすることになっています。

5月10日（水）14時10分、テレコム酒店から電話がかかってきました。

■ケース２　模擬応対者の発言例

ケース２の第一声は、以下のとおりに言ってください。

⑧「ビアレストランモシケンでございます」

その後は、相手に合わせて、次のように答えてください。

◎山田さんをお願いします、と言われた場合。

⇒「はい、私です」

◎自己紹介をされた場合。

⇒「そうですか。今後ともよろしくお願いします」

◎配達予定の商品の内容を確認したいと言われた場合。

⇒「はい」

◎今お時間よろしいでしょうか、と聞かれた場合。

⇒「はい、大丈夫です」

◎配達予定の商品を具体的に言われた場合。

⇒「それで結構です」

◎追加の注文があるかと聞かれた場合。

⇒「いえ、ありません」

◎配達の目安の時間を伝えられた場合。

⇒「わかりました。お待ちしています」

◎ほかに確認したいことがあるか、聞かれた場合。

⇒「ありません」

そのほか、相手の質問に合わせて適宜答えてください。

◎最後は相手の言葉に合わせて、模擬応対者から電話を切ります。

<注意事項>

※発言はできるだけこのまま言ってください。

※意味が変わらなければ言いやすい言葉に変えても構いませんが、余計な発言を追加したり応対者を誘導したりしないでください。

※説明にわからない部分があった場合は、質問してください。

※相手に合わせて適宜答えることの中に確認のための復唱も含まれますが、模擬応対者は、簡潔に必要事項のみ復唱してください。

※受検者が言葉に詰まり、黙ってしまった場合は、一呼吸か二呼吸（5秒ほど）待って前の発言を繰り返してください。

※受検者が誤った受け取り方をした場合、「違う」と言って前の発言を繰り返してください（模擬応対者が要約しないでください）。

Part 2
実力診断テスト

＜試験時間＞

筆記試験　40 分

実技試験　3 分

実力診断テスト　1回目　解答用紙

問題番号	解　答	配　点
問1		5
問2		5
問3		5
問4		5
問5		5
問6		5
問7		5
問8		5
問9		5
問10		5
問11		5
問12		5
問13		5
問14		5
問15		5
問16		5
問17		5
問18		5
問19		5
問20		5

得点
/100

（合格ラインは70点）

1回目　筆記問題

問1

ビジネスにおいて、敬語を使えることは信頼につながります。選択肢の中で、電話応対で敬語を用いるに当たって基本的に正しくない考え方を、1つ選びなさい。

1．文法的に正しい使い方を守るべきである。
2．相手との関係で、程度の良いふさわしい敬語を選ぶべきである。
3．用語的には適切でも、心のこもった音声表現が伴っていなければならない。
4．敬意の高い敬語を、なるべくたくさん用いるようにすれば問題は起きない。

問2

「いただく」「くださる」の敬語の分類について、正しい選択肢はどれですか。次の中から1つ選びなさい。

1．「いただく」も「くださる」も尊敬語である。
2．「いただく」も「くださる」も謙譲語である。
3．「いただく」は尊敬語、「くださる」は謙譲語である。
4．「いただく」は謙譲語、「くださる」は尊敬語である。

問3

次の会話文では、話し手のAさん、話し相手のBさん、話題になっているCさんの関係が敬語から読み取れます。Aさんの言い方で、話し相手のBさんにも、話題になっているCさんにも敬意を払っているのは、選択肢の中のどれに当たりますか。次の中から1つ選びなさい。

1．Bさんに対してAさんが「Cは、もう帰った？」と言った。
2．Bさんに対してAさんが「Cは、もう帰りましたか？」と言った。
3．Bさんに対してAさんが「Cさんは、もうお帰りになった？」と言った。
4．Bさんに対してAさんが「Cさんは、もうお帰りになりましたか？」と言った。

問4

相手と信頼関係がある場合、さらに具体的に掘り下げて質問をすることは、コミュニケーションを深めたり、正確な情報の理解のためにとても大切です。次の選択肢の中で、追加の質問として、具体的に掘り下げているとは言えないものはどれですか。1つ選びなさい。

1．住所は都市名だけしか言わなかったので、町名を尋ねた。
2．駅の改札口で落ち合おうと言われたので、南口か北口かを尋ねた。
3．マラソン大会で成績が良かったと言ったので、大会は何人が参加したのかを尋ねた。
4．診察の時、おなかが痛いと言ったので、どこがどのように痛いのかを尋ねた。

問5

言葉で仕事をする職業の人は、「～語」という用語に触れる機会が多いものです。次の4つの選択肢の中に、用語の説明文として間違っているものがあります。どれですか。1つ選びなさい。

1．文章を書くときの言葉で、口語に対する言葉は「文語」と言う。
2．方言ではなく、国内全般に通用する言葉は「共通語」と言う。
3．昔は普通に使われたが、現代ではほとんど使われなくなった言葉を「死語」と言う。
4．一時期流行って使われ、言葉の乱れの要因の一つになる言葉を「俗語」と言う。

問6

あなたがお客様にかけた言葉です。尊敬語として間違っているものはどれですか。次の中から1つ選びなさい。

1．「どうぞご利用になってください」
2．「どうぞ拝見なさってください」
3．「どうぞお気軽にお越しください」
4．「どうぞ召し上がってください」

問7

お年寄りに代わって、調剤薬局に処方薬を取りに行きました。そのとき薬剤師から薬の飲み方についてお年寄りに一言注意を伝えてほしいと言われました。次の4つの選択肢の中で、注意の内容を最もわかりやすく伝えられると考えるものを1つ選びなさい。

1.「食間とある薬はね、食事中に飲むものと思っている人がいるらしいけど、前の食事の後2時間ほど経って飲むのが目安で、つまり次の食事と前の食事の間で飲むのが正しい飲み方だそうです」
2.「食事中に飲むものと思っている人がいるらしい食間という薬の飲み方ですけど、正しい飲み方は、次の食事と前の食事の間で飲むということで、具体的な目安としては、前の食事の後2時間ほど経って飲むのが良いそうです」
3.「薬の飲み方に食間というのがあるけど、正しい飲み方は、次の食事と前の食事の間で飲むということで、食事中に飲むことだと間違わないでほしいそうで、具体的な目安としては、前の食事の後2時間ほど経って飲むのが良いそうです」
4.「薬の飲み方に食間というのがあるけど、正しい飲み方を説明しますね。食間というのは、次の食事と前の食事の間で飲むことです。食事中に飲むのだと間違わないでください。具体的な目安は、前の食事の後2時間ほど経って飲むのが良いそうです」

問8

さまざまな情報漏えいリスクがある中、第三者によるパソコンやスマートフォン画面の「のぞき見」などのリスクは排除できていません。特にパスワードなど重要情報を入力しているところを後ろから近づいてのぞき見るショルダーハッキングは、周りに注意する必要があります。第三者によるのぞき見防止についての方策として、適切なものはどれですか。次の中から1つ選びなさい。

1．スクリーンセーバー
2．プライバシーフィルター
3．ソフトウェアアップデート
4．セキュリティワイヤー

問9

メールやチャットといったデジタルコミュニケーションツールの特長について、誤っているものを次の中から1つ選びなさい。

1．情報の保存性が高い。
2．情報漏えいのリスクが低い。
3．相手の都合を気にせず、送信できる。
4．リアルでの会話が苦手でも、コミュニケーションできる。

問10

基本的なセキュリティ対策の説明として、正しいものはどれですか。次の中から1つ選びなさい。

1. 新たな脅威や攻撃の手口を知ったときには被害防止のため、他者に秘密にする。
2. ウイルス対策ソフトの定義ファイルは一度更新すれば、そのままで良い。
3. 重要情報が保存されているフォルダは、だれでもアクセスできるようにする。
4. パスワードは破られにくく、長く複雑なパスワードにする。

問11

自社商品の内容について問い合わせる電話をあなたが受けました。発信者の電話番号は携帯電話番号として確認できています。しかし、携帯電話からかけているためか、音声がよく聞こえません。そのことを相手に伝えようとしています。そのときに最も不適切な言い方を次の中から1つ選びなさい。

1. 「お客様のお声が聞き取りにくいのですが、もう一度おっしゃっていただけませんか」
2. 「お客様のお声がとぎれとぎれになってしまうようです。こちらからおかけ直しいたしましょうか」
3. 「お客様のお声が不明瞭でおっしゃっていることがわからないのですが、もっと大きな声で話していただけませんか」
4. 「電波の状況が良くないようでお客様のお声が聞き取りにくいのです。恐れ入りますがおかけ直しいただいてもよろしいでしょうか」

問12

電話をかけるときの基本のマナーとしてふさわしくないものはどれですか。次の中から1つ選びなさい。

1．話すべき要点を事前にメモに書いておく。
2．相手が今電話で話ができる状況か確認する。
3．自分の名前をはっきり名乗る。
4．相手が切るまで切ってはならない。

問13

複数人のチャットの中で返信すべき人を明確にしたいとき、適切な行動はどれですか。次の中から1つ選びなさい。

1．「連絡可能」や「取り込み中」などの在席情報（プレゼンス情報）を確認する。
2．「@相手の名前」のようなメンションをつけて、メッセージを投稿する。
3．チャットの話題に合わせて、新しいチャネルを追加する。
4．返信すべき人だけを別の新しいチャットに招待して、会話を再開する。

問14

お辞儀に関する問題です。以下の状況で適切とはいえないお辞儀の仕方はどれですか。次の中から1つ選びなさい。

1. 他部署の先輩とトイレで会ったので、15度程度の会釈をした。
2. 来客にお茶出しをするため応接室に入るとき、15度程度の会釈をした。
3. 来客を30度程度のお辞儀で出迎えた。
4. 来客と廊下で談笑をしているとき上司が前を通ったので、30度程度のお辞儀をした。

問15

テレワーク中の心得として、最も適切なものを次の中から1つ選びなさい。

1. 服装は、Web会議の予定がなければ、どのような服装でもよい。
2. Web会議へ出席する時には、必ずカメラをONにして参加する。
3. メンバー間のコミュニケーションは、音声コミュニケーションと文字コミュニケーションを併用する。
4. 実施場所は、自宅のみならず、どのような場所でもよい。

問16

ビジネスメールのマナーについての問題です。不適切なものはどれですか。次の中から1つ選びなさい。

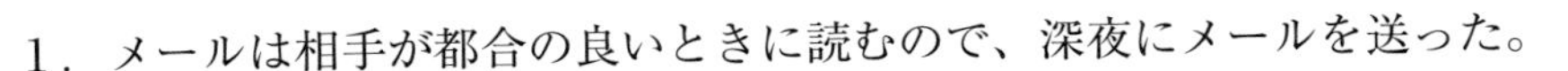

1．メールは相手が都合の良いときに読むので、深夜にメールを送った。
2．相手から返信がなかったため、まずは自分の送信ファイルを確認した。
3．2つの用件を同じ相手に伝える場合、用件ごとにメールを送った。
4．メールで問い合わせを受けたが、確認に時間がかかりそうだったので先にメール受領の返信をした。

問17

新規の取引先へ上司と訪問することになり、手土産を用意しました。面談には取引先の課長が参加します。訪問先で手土産を渡す一連の流れの中で、不適切なものはどれですか。次の中から1つ選びなさい。

1．手土産は相手に渡すまで応接室の椅子の上に置いた。
2．手土産は名刺交換が終わったタイミングで渡した。
3．手土産は自分が取引先の課長に渡した。
4．手土産は紙袋から出して包装の状態で渡した。

問18

あなたは課長から業務を受け、必要に応じて報告をするようにと指示を受けました。適切とはいえないものはどれですか。次の中から1つ選びなさい。

1．完成に3日かかる仕事だったので、日ごとに課長に中間報告した。
2．期日に間に合わないかもしれないと思ったので、そのことを課長に報告した。
3．小さなトラブルが発生し対処はできたが、そのことを課長に報告した。
4．業務を終えたが、課長が不在だったので部長に報告した。

問19

個人情報保護法で定められている「個人情報」の説明として、誤っているものを次の中から1つ選びなさい。

1．法人名など、法人そのほかの団体の情報は「個人情報」に該当しません。
2．防犯カメラが記録した本人が判別できる映像情報は、「個人情報」に該当します。
3．顧客個人の情報は「個人情報」に該当しますが、従業員の情報は「個人情報」に該当しません。
4．SNSなどで公にされている特定の個人を識別できる情報も個人情報に該当します。

問20

企業が個人情報を取り扱う際の利用目的に関する記述のうち、誤っているものを、次の中から1つ選びなさい。

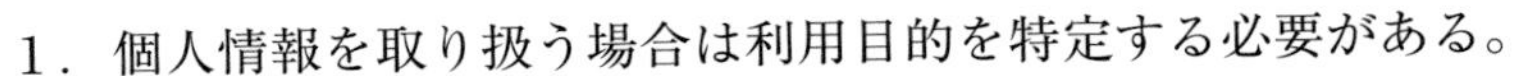

1．個人情報を取り扱う場合は利用目的を特定する必要がある。
2．個人情報の利用目的の伝え方は、本人に通知する方法と公表する方法がある。
3．人の生命、身体又は財産の保護のために緊急に必要が生じた場合は、利用目的の特定と通知・公表をしなくてもよい。
4．本人から直接書面で個人情報を取得する場合には利用目的を明示しなくてもよい。

1回目　実技問題

<状況設定>

店舗名　：もしもしビストロ
応対者　：高橋　聖（たかはし　せい）店員
応対日時：<ケース１>9月6日（水）17時00分
　　　　　<ケース２>9月6日（水）17時10分

あなたは、もしもしビストロの店員の高橋　聖（たかはし　せい）です。もしもしビストロでは、来店予約をWebで受け付けていますが、予約希望日の2日前からは電話のみで予約を受け付けることになっています。予約は2種類のコースのいずれかを選んでいただき、席のみの予約は受け付けていません。コース内容はWebにも記載してあります。

予約受付の際にはお客様の氏名（フルネーム）と電話番号を聞くことになっています。9月7日（木）と8日（金）は、現在、両日とも1組4名様までの予約受付ができます。

<ケース１>今日9月6日（水）17時現在、あなたは店舗にいます。かかってきた電話に応対してください。

<ケース２>次に、17時10分に同じお客様から再度電話がかかってきますので応対してください。

[店長] 加藤　太郎 （かとう　たろう） 店内で仕事中	[シェフ] 島田　健 （しまだ　けん） 厨房で仕事中
[店員] 高橋　聖 （たかはし　せい） あなたです	

<もしもしビストロ>

店舗所在地	東京都千代田区東神田2-6-9
電話番号	03-5820-2071
URL	https://www.jtua#.co.jp
E-mail	bistro@jtua#.co.jp
業務内容	ビストロ
予約受付	コース予約のみ。Webでの受付だが、2日前～当日までは電話受付
コース名と特徴	①シェフおまかせコース6,600円（税込・サービス料なし） 前菜2品・魚料理・肉料理・デザート <特典> 誕生日・記念日のお客様は、デザート皿にHappy Birthdayなどの文字と、小さな花火をつけられる。 ②季節のもしもしコース4,400円（税込・サービス料なし） 前菜・魚または肉料理・デザート (特典は特になし)

（応対時間は3分以内とする。応対部分のみを測定）

模擬応対者	応対者
	＜ケース１＞ （電話を受ける） ①「・・・・・・・・・・・・・」
②「・・・・・・・・・・・・・」	
	③「・・・・・・・・・・・・・」
④「・・・・・・・・・・・・・」	
	⑤「・・・・・・・・・・・・・」
⑥「・・・・・・・・・・・・・」	
模擬応対者から電話を切ります。	⑦「・・・・・・・・・・・・・」
	（ケース１終了。そのまま続けます）
	＜ケース２＞ （電話を受ける） ⑧「・・・・・・・・・・・・・」
⑨「・・・・・・・・・・・・・」	
	⑩「・・・・・・・・・・・・・」
⑪「・・・・・・・・・・・・・」	
	⑫「・・・・・・・・・・・・・」
⑬「・・・・・・・・・・・・・」	
	⑭「・・・・・・・・・・・・・」
⑮「・・・・・・・・・・・・・」	
模擬応対者から電話を切ります。	
	（終了）

＜注意事項＞

※模擬応対者はあらかじめ決められた状況に沿って応対しますが、その内容は応対者には開示されません。

※模擬応対者は状況設定内で、応対者に合わせて質問に答えたり相づちを打ったりします。したがって、応対者の質問によりスクリプトの番号は、増えても減っても構いません。

※模擬応対者は、応対者に合わせて原則自由に会話展開ができますが、時間オーバーとならないように配慮することとなっています。たとえば、模擬応対者の発言の中には確認のための復唱も含まれますが、模擬応対者は、簡潔に必要事項を復唱することとしています。

※受検者の言葉が聞き取れないときや応対者の質問に答えられないときに、模擬応対者から質問することがあります。

※想定にないことは自由に会話して構いませんが、加点にも減点にもなりません。

※文中の会社／団体名・人物氏名・住所・電話番号などはすべて架空のものです。

実力診断テスト　2回目　解答用紙

問題番号	解　答	配　点
問1		5
問2		5
問3		5
問4		5
問5		5
問6		5
問7		5
問8		5
問9		5
問10		5
問11		5
問12		5
問13		5
問14		5
問15		5
問16		5
問17		5
問18		5
問19		5
問20		5

得点
/100

（合格ラインは70点）

2回目　筆記問題

問1

　ある行為をしてほしいと依頼する言い方の中で、尊敬語が使われているものはどれですか。次の中から1つ選びなさい。

1.「教えてくれますか」
2.「教えてもらえますか」
3.「教えてくださいますか」
4.「教えていただけますか」

問2

　次の4つの選択肢の中で、1つだけ問題のない言葉の用い方があります。どれですか。

1.「なかなか、いさぎがよい態度でした」
2.「なかなか、いさぎのよい態度でした」
3.「少々、いさぎわるい態度でした」
4.「少々、いさぎよくない態度でした」

問3

助詞の「に」と「へ」の使い分けが、はっきりできない人が多いようです。次の4つの文の中で、□の部分が、明らかに、「へ」より「に」の方が良いのはどれですか。1つ選びなさい。

1.「午後3時に、第一会議室□集まってほしい」
2.「とにかく高いところ□逃げましょう」
3.「逃走した犯人は西□向かっている」
4.「鈴木先生なら向こう□行ったよ」

問4

会話のやりとりの中で相手が「お」「ご」をつけた言葉を使ったとき、釣られてこちらも「お」や「ご」をつけて言ってしまうことがあります。次の4つの会話の中で、下線を引いた言葉について、そのまま「お」や「ご」を取らずに言っておかしな会話になったものはどれですか。次の中から1つ選びなさい。

1.「お返事いただけますか？」「はい、お返事いたします」
2.「お変わりありませんか？」「はい、お変わりありません」
3.「もう1杯お代わりいかがですか？」「はい、お代わりいただきます」
4.「お酒はよく召し上がりますか？」「はい、お酒は大好きです」

問5

下記の文例中、慣用句が誤った使い方をされているものがあります。次の中から1つ選びなさい。

1．あの人の話は眉につばをつけて聴かないと危ない。
2．皆の前で間違いを指摘されて顔から火が出ましたよ。
3．急な頼みだったけれど、ひとつ返事でOKしてくれた。
4．名案ではあるが、所詮は絵に描いた餅だね。

問6

次の下線が引かれた言葉の読み方で正しいものはどれですか。次の中から1つ選びなさい。

1．「株価は最高値を更新しました」⇒読み方は「さいこうち」
2．「凡例を見ないとわからない」⇒読み方は「ぼんれい」
3．「出納帳をつけています」⇒読み方は「すいのう」
4．「法令を遵守しましょう」⇒読み方は「じゅんしゅ」

問7

部長からの伝達をプロジェクトのメンバーに口頭で話して伝える場合、次の選択肢のうち、聞き手にとって最もわかりやすいと考えるものはどれですか。次の中から1つ選びなさい。

1.「来週の新規プロジェクトの初会合は、社長が特別に出席されて冒頭で激励の挨拶をされるそうなので、メンバーは都合をつけて全員出席してほしいと部長からの伝達がありました」
2.「来週の新規プロジェクトの初会合について部長からの伝達を申し上げます。メンバーは都合をつけて全員出席してほしいとのことです。と言うのは、社長が特別に出席されて冒頭で激励の挨拶をされるからです」
3.「来週の新規プロジェクトの初会合について部長からの伝達を申し上げます。会合には社長が特別に出席されて冒頭で激励の挨拶をされるそうなので、メンバーは都合をつけて全員出席してほしいそうです」
4.「来週の新規プロジェクトの初会合は、社長が特別に出席されて冒頭で激励の挨拶をされるそうなので、メンバーは都合をつけて全員出席してほしいそうです。以上部長からの伝達でした」

問8

検索サイトで検索をするとき、「電話」と「検定」の両方を含むWebサイトを検索結果として表示したいと思います。次の4つの選択肢のうち、期待する検索結果と異なる可能性が高いものを1つ選びなさい。

1．電話　検定
2．電話 AND 検定
3．電話 + 検定
4．電話 OR 検定

問9

産業界が推し進めているDX（デジタルトランスフォーメーション）の目的として、正しいものはどれですか。次の中から1つ選びなさい。

1．すべての業務をデジタル化すること
2．基幹業務におけるデータを収集し、データ分析を行うこと
3．RPAによって、業務を自動化すること
4．企業文化・風土を変革し、競争上の優位性を確立すること

問10

AIを使っているシステムについて記述しました。次のうち間違っているものを1つ選びなさい。

1.「●●については1を、▲▲については2を押してください」といった自動音声ガイダンスとプッシュ信号音によって、AIが着信先を振り分ける。
2. 電話での通話内容をAIが聞き取り、応対に必要となる情報を電話応対者が見る画面に表示する。
3. チャットやSNSを通じて、AIが自動で質問に答える。
4. 電話での応対内容を録音しておき、応対品質をAIで評価する。

問11

取引先から紹介を受けて、初めてA社の中村さん宛に電話をかけたところ、本日は在宅テレワーク中で、明日は出社するとのことでした。急ぎの用件ではありませんが、早めに連絡を取りたいと思っています。そこで、電話口の方に、次のように言いました。適切なものはどれですか。1つ選びなさい。

1.「中村さんの携帯電話番号を教えていただけますか」
2.「中村さんのメールアドレスを教えていただけますか」
3.「中村さんから電話をいただけるよう伝えていただけますか」
4.「中村さんに明日お電話しますと伝えていただけますか」

問12

電話応対などで、言いにくいこと、伝えづらいことなどを言うときに一言添える「クッション言葉」という言葉があります。次の選択肢の中で当てはまらないものはどれですか。次の中から1つ選びなさい。

1．おそれいりますが
2．ご足労をおかけしますが
3．復唱しますが
4．ご面倒をおかけしますが

問13

ビジネスコミュニケーション上の名刺の取り扱いで、問題のないものはどれですか。次の中から1つ選びなさい。

1．基本的に訪問した側は先に名刺を渡してはいけない。
2．軽装だったのでズボンの後ろポケットに名刺を入れておいた。
3．名刺を受け取った相手の名前を忘れないように復唱した。
4．1つで済むので名刺入れは定期入れと兼用で使っている。

問14

来客と、出迎えに来た社員に、朝10時頃、エレベーターホール前で一緒になりました。来客への挨拶の仕方として不適切なものはどれですか。次の中から1つ選びなさい。

1．言葉は交わさず、会釈のみした。
2．「おはようございます」と挨拶をした。
3．「いらっしゃいませ」と挨拶をした。
4．「お疲れ様です」と挨拶をした。

問15

「各位」の使われ方で適切なものはどれですか。次の中から1つ選びなさい。

1．関係者様各位
2．お取引先各位様
3．総務課各位
4．営業部各位御中

問16

ビジネスシーンのお客様との会話において、間違った使い方をしやすい言葉遣いの問題です。選択肢の中で、適切な使い方をしているものはどれですか。次の中から1つ選びなさい。

1.「お名刺、頂戴いたします」
2.「ご助言、参考になりました」
3.「こちらが資料になります」
4.「お体をご自愛くださいませ」

問17

ビジネスにおける身だしなみを整えるポイントとして、当てはまらないものはどれですか。次の中から1つ選びなさい。

1. 清潔感
2. 控えめ
3. 機能性
4. 個性的

問18

取引先の紹介で来社した方と名刺交換をしました。次の選択肢の中で尋ねるのにふさわしくないものはどれですか。次の中から1つ選びなさい。

1. 名前の読み方
2. 携帯電話番号
3. 社名の由来
4. ロゴマークの意味

問19

個人情報保護法における個人情報の定義に関する記述で、（　　）の中に入る言葉を次の中から1つ選びなさい。

個人情報は（　　　　　　）に関する情報である。

1. 個人が働く会社
2. 個人の氏名以外
3. 生存する個人
4. 勤労する個人

問20

要配慮個人情報に関する記述として、誤っているものを次の中から1つ選びなさい。

1．要配慮個人情報は法の認める例外を除き本人の同意なしに取得してはならない。
2．本人の病歴は要配慮個人情報に当たる。
3．本人の人種に関する情報は要配慮個人情報には当たらない。
4．会社で受けた健康診断の結果は要配慮個人情報に当たる。

2回目　実技問題

＜状況設定＞

あなたは、もしもしサービス株式会社第一営業担当橋口社員です。

第一営業担当へかかってくる1本の電話に対応してください（ケース1）。その後、急ぎの案件であったことから、必要な対応をしてください（ケース2）。

会社名　：もしもしサービス株式会社
応対者　：もしもしサービス株式会社　第一営業担当
　　　　　橋口　怜（はしぐち　れい）社員
応対日時：＜ケース1＞　7月7日（金）11時00分
　　　　　＜ケース2＞　7月7日（金）ケース1の電話の後

＜第一営業担当メンバー状況＞

［課長］ 本田　真 （ほんだ　しん） テレワーク中。 来週火曜日に出社予定	
［主任］ 佐藤　淳 （さとう　じゅん） 有給休暇中。 来週月曜日に出社予定	［主任］ 吉田　かおる （よしだ　かおる） 外出中。 11時には用件が終了し、14時戻り予定
［担当］ 山本　太郎 （やまもと　たろう） 出張中。 来週水曜日に出社予定	［担当］ 橋口 怜 （はしぐち　れい） あなたです

第一営業担当は、固定のお客様より継続的な注文を受けている部署で、お客様情報や注文情報はデータベース化され、担当内の社員は、全員が閲覧・入力ができるようになっています。お客様からは、メールや電話で、見積書の作成依頼、注文などの連絡が入ってきます。また、お客様とメールをやりとりする場合は、担当内の共通のメールアドレスをCCに入れて情報共有しています。

社員は全員、業務用携帯電話を持っており、番号は全員に周知されています。また、不在の人宛にかかってきた急ぎの電話について在席者が対応できない場合は、有給休暇中の人以外には電話してよいことになっています。

あなたは、7月1日に他部署より第一営業担当へ異動してきたばかりで、吉田主任に教わりながら業務を行っており、ほかの人の仕事を代わって対応することはまだできません。

＜もしもしサービス株式会社＞

会社所在地	東京都千代田区東神田2-6-9
電話番号	0120-20-6660（第一営業担当）
URL	https://www.jtua#.co.jp
E-mail	service@jtua#.co.jp
業務内容	各種部品の仕入れ・販売
企業理念	お客様第一主義・お求めいただくものを迅速にお届けします
従業員数	30名

（応対時間は3分以内とする。応対部分のみを測定）

模擬応対者	応対者
	＜ケース１＞ （電話を受ける） ①「・・・・・・・・・・・・・・」
②「・・・・・・・・・・・・・・」	
	③「・・・・・・・・・・・・・・」
④「・・・・・・・・・・・・・・」	
	⑤「・・・・・・・・・・・・・・」
⑥「・・・・・・・・・・・・・・」	
	⑦「・・・・・・・・・・・・・・」 （ケース１終了。そのまま続けます）
模擬応対者から電話を切ります。	
	＜ケース２＞ （電話をかける）
⑧「・・・・・・・・・・・・・・」	
	⑨「・・・・・・・・・・・・・・」
⑩「・・・・・・・・・・・・・・」	
	⑪「・・・・・・・・・・・・・・」
⑫「・・・・・・・・・・・・・・」	
	⑬「・・・・・・・・・・・・・・」
⑭「・・・・・・・・・・・・・・」	
	⑮「・・・・・・・・・・・・・・」
模擬応対者から電話を切ります。	（終了）

＜注意事項＞

※模擬応対者はあらかじめ決められた状況に沿って応対しますが、その内容は応対者には開示されません。

※模擬応対者は状況設定内で、応対者に合わせて質問に答えたり相づちを打ったりします。したがって、応対者の質問によりスクリプトの番号は、増えても減っても構いません。

※模擬応対者は、応対者に合わせて原則自由に会話展開ができますが、時間オーバーとならないように配慮することとなっています。たとえば、模擬応対者の発言の中には確認のための復唱も含まれますが、模擬応対者は、簡潔に必要事項を復唱

することとしています。

※受検者の言葉が聞き取れないときや応対者の質問に答えられないときに、模擬応対者から質問することがあります。

※想定にないことは自由に会話して構いませんが、加点にも減点にもなりません。

※文中の会社／団体名・人物氏名・住所・電話番号などはすべて架空のものです。

1回目　解答解説

問1

4

敬語の用い方の原則は、①「正しい」表現であること、②「ふさわしい」表現であること、③「心をこめて」用いること、④「簡潔」であることです。

1．○　正しい記述です。尊敬語と謙譲語を取り違えたり、文法のルールを間違えないことが大切です。

2．○　正しい記述です。敬語には、相手によって、ふさわしい敬意の程度が異なります。そのため、相手との関係に合わせた敬語を選択して、用いる必要があります。

3．○　正しい記述です。相手に敬意の度合いが高い敬語を使ったとしても、心がこもっていなければ意味がありません。話し言葉では、心のこもった言い方（主に音声表現）を軽視すると、言葉遣いは丁寧であっても、内容が乏しく聞こえます。

4．×　敬語は、使えば使うほど相手との関係が遠のき、場合によっては、相手を突き放すこともあります。国語教育の方針でも、現代敬語はなるべく簡素・簡潔が良い（たとえば、二重敬語を避けるなど）とされています。

したがって、正解は**4．**です。

問2

4

尊敬語と謙譲語を見分けるときは、主語を考えます。「あなたが……」のように、相手が主語になれば、その動詞は尊敬語です。また、「私が……」のように、自分が主語になれば、その動詞は謙譲語です。

尊敬語と謙譲語は、両方とも、相手を立てる言い方です。どちらも

「敬語」に当たります。

1．×

2．×

3．×

4．○　「いただく」は、「私がいただく」のように、自分が主語になるので、謙譲語です。また、「くださる」は、「あなたがくださる」のように、相手が主語になるので、尊敬語です。したがって、正しい記述です。

問3

4

一般的に、敬語は、話題になっている人（話に登場する人物）に対して敬意を表すだけでなく、話している相手に対しても敬意を表します。

話題になっている人に対して敬意を表すときは、尊敬語や謙譲語Ⅰを使い、話している相手に対して敬意を表すときは、謙譲語Ⅱや丁寧語を使います。

1．×　ＢさんとＣさんの二人に対して、敬語が使われていません。

2．×　Ｃさんに対しては敬語が使われていませんが、話し相手のＢさんに対しては丁寧語（「ましたか」）が使われています。

3．×　Ｃさんには「さん」と「お帰りになる」という尊敬語が使われていますが、Ｂさんに対しては、敬語が使われていません。

4．○　Ｃさんには「さん」と「お帰りになる」という尊敬語を使い、話し相手のＢさんにも「ましたか」と丁寧語で尋ねています。

したがって、正解は4．です。

問4

3

1．○　相手の住所は、「国」→「都道府県」→「都市」→「町名」→「地番」→「ビル、アパート、マンション」……などのような順番で尋ねるのが、「具体的に聞く（訊く）」ということです。ただし、業務で相手の住所を「具体的に聞く（訊く）」場合は、どの程度の情報が必要なのかを判断し、相手のプライバシーの範囲を越えないことも大切です。

2．○　駅によっては、複数の改札口が存在する場合もあります。よって、情報を正確に理解するためにも、「具体的に聞く（訊く）」必要があります。

3．×　「成績が良かった」のように抽象的に言われた場合、「どのくらいの成績か」と聞く（訊く）のが、適切な質問です。「大会の参加人数」は、大会と関連する質問事項ですが、本筋からはずれています。「何人中何番だったのか」という質問ならば、的確です。

4．○　診察で、「おなかが痛い」のように抽象的な発言を具体的に掘り下げる場合、「おなかのどのあたりか」や「どのように痛いのか」などが、診断と治療には必須の質問です。

したがって、正解は3．です。

問5

4

1．○　正しい説明文です。「口語」は「話し言葉」とも言われます。それに対して、文字で伝える言葉は「文語」（または「書き言葉」）と言われます。

2．○　正しい説明文です。方言ではなく、国内全般に通用する言葉は、戦前は「標準語」とも言われていました。しかし、「方言」が下位であるように感じられるなどの理由から、現在は「共通語」と言われています。

3．○　正しい説明文です。言葉は、まるで命があるかのように、時代によって生まれたり、変化したり、消滅したりします。たとえば、「旅籠（はたご）」が廃れて「ホテル」が一般的になった場合、「旅籠」は「死語」（まれに「廃語」）と言われます。

4．×　「一時期流行って使われ、言葉の乱れの要因の一つになる言葉」は、「流行語」の説明文です。「俗語」は、フォーマルではない言葉のことをいいます。ある集団だけで使われる「隠語」が一般化したものを、「俗語」と言うことが多いです。

問6

2

2．の「拝見」は謙譲語です。お客様にかける言葉としては、適切ではありません。

正しくは、「どうぞご覧になってください」と言います。

問7

4

伝達・説明・報告など、情報文を伝えるときは、わかりやすい「組み立て（話す順序）」を意識する必要があります。もしもし検定では、「1に件名、2に結論、3に詳細」の順序をおすすめしています。

設問では、「件名」は「食間の正しい薬の飲み方の説明」です。「結論（概要）」は「次の食事と前の食事の間で飲むこと」です。「詳細」は、「具体的な目安は、前の食事の後2時間ほど経って飲むこと」です。

1. × 話は短くまとまっています。しかし、すべての文がつながっている上に、わかりやすい「組み立て」を意識した伝え方ではありません。また、「結論（概要）」を最後に伝えているので、わかりにくい伝え方です。
2. × 話の始まり方が唐突です。また、先に「結論（概要）」を伝え、続いて「詳細」を伝えていますが、すべての文がつながっているため、わかりにくい伝え方です。
3. × 「1に件名、2に結論、3に詳細」の順で、組み立て（構成）は理にかなっています。しかし、すべての文がつながっていて、わかりにくい伝え方です。
4. ○ 「1に件名、2に結論、3に詳細」の順で伝えています。また、短いセンテンスで簡潔に伝えているため、わかりやすいです。

問8

2

2.「プライバシーフィルター」をディスプレイに取り付けることで、左右からの視線を防止し、「のぞき見」による情報漏えいを防ぐことができます。したがって、正解は2. です。

1.「スクリーンセーバー」は、自分が席を離れている際に画面をロックできるので、離席時には有効です。しかし、重要情報を入力しているときなどの「のぞき見」防止にはなりません。

また、4.「セキュリティワイヤー」は、ノートパソコンや周辺機器を物理的に固定するために使用するものです。

問9

2

1. ○ デジタルコミュニケーションツールで行われるコミュニケーションは、サーバまたはパソコン・スマートフォン内に情報が保存されるため、保存性の高さも特長の一つです。
2. × メールの誤送信、添付するファイルの間違いなどによる情報漏えいは、後を絶ちません。
3. ○ デジタルコミュニケーションツールで行われるコミュニケーションは、相手の都合を気にせず、自分の都合で情報を伝達できます。
4. ○ デジタルコミュニケーションツールは、情報を相手に伝える前に、内容の整理や、文章の推敲が可能です。自分のペースでやりとりできるため、リアルでの会話が苦手な人でも、コミュニケーションしやすいという特長があります。

問10

4

基本的なセキュリティ対策には、「OSやソフトウェアの最新化」、「ウイルス対策ソフトの導入と最新化」、「破られにくいパスワードの設定」、「重要情報に対するアクセス制限」、「脅威や手口の共有」などの方法があります。

1．× 新たな脅威や攻撃の手口を知った場合は、被害防止のため、社内で共有します。

2．× ウイルス対策ソフトの定義ファイルは、定期的に最新化を行う必要があります。

3．× 重要情報が保存されているフォルダには、適切なアクセス制限が必要です。

4．○ パスワードは、破られにくく、長く複雑なパスワードを設定します。また、異なるサービスで、別々のパスワードを利用します。

問11

3

「相手の声が不明瞭だから聞こえない」と、音声が聞こえにくい状態を、相手のせいにするのは、不適切です。したがって、正解は3．です。

4．は、本来ならこちらから電話をかけ直すべきですが、携帯電話の場合は、音声が聞こえにくい原因として、さまざまな状況（相手の現在地など）が影響している可能性があります。そのため、先方の都合を聞いて、かけ直すようにお願いしてもよい場合があります。

問12

4

電話は、かけた方から切るのが、基本のマナーです。

相手が、自分よりもずっと地位が高い人物であるときなどは、たとえ自分から電話をかけた場合であっても、相手が切るのを待つことがあります。しかし、基本は、「失礼いたします」などと言った後に、かけた方から切ります。

したがって、正解は4．です。

問13

2

メンションとは、チャットの投稿画面において、「@相手の名前」のように、ユーザー名を指定して通知できる機能です。

1．× 在席情報（プレゼンス情報）だけでは、返信すべき人は明確になりません。

2．○ メンションをつけることで、返信すべき人を明確にできます。

3．× チャネルは、チャットの話題を切り分けるときは有効ですが、返信すべき人を明確にしたいときは有効ではありません。

4．× 返信すべき人だけを別の新しいチャットに招待した場合、既にチャットに参加していた人は、その後の投稿を確認できなくなります。したがって、適切ではありません。

問14

4

上司に対して30度程度の深いお辞儀をすること自体は、問題ありません。しかし、社外の人と廊下で談笑しているときは、社外の人との会話を優先します。

したがって、**4.** のような状況の場合、上司への挨拶は目礼程度で構いません。

問15

3

1. × 在宅勤務中の服装は、細かく規定されているケースは少なく、個人の判断に任せる場合が多いです。しかし、急なWeb会議が開催される場合もあります。カメラONとなっても対応できるよう、服装には気をつけます。

2. × 最近では、Web会議でも、カメラをOFFにして開催されることが増えました。したがって、カメラをONにする必要があるとは限りません。

3. ○ 在宅勤務では、電話やWeb会議でのコミュニケーションが多くなります。しかし、相手の状況がわからないことも多いため、メールやチャットなど、さまざまなツールを使い分けて、相手に配慮しながらコミュニケーションを取ることも大切です。

4. × テレワークを実施する場合は、情報管理に細心の注意を払う必要があります。そのため、どんな場所でもよいわけではありません。テレワークは、自宅やサテライトオフィスなど、会社で定められた場所で業務を行います。

問16

1

最近はパソコンだけではなく、スマートフォンやタブレットで、仕事のメールを確認する人が増えています。

メールは都合の良いときに読めるとはいえ、深夜にメールを送ると、受け取った相手に、「こんな遅い時間まで仕事をしているのか」と、気を遣わせる場合があります。また、着信音で相手の睡眠を妨げる可能性も考えられます。以上の理由から、緊急性が高い場合を除き、深夜にメールを送信するのは避けます。したがって、正解は1．です。

メールの送信予約機能を活用し、相手の勤務時間内に送信時間を設定しておくのも一つの方法です。

問17

3

1．○　適切です。

2．○　適切です。

3．×　不適切です。手土産は、会社を代表して渡すものです。したがって、相手への敬意をこめて、上位者である上司から取引先へ渡します。

4．○　適切です。紙袋は、持ち運ぶ際に手土産を汚さないために用います。相手に渡すときは、紙袋から品物を出すのが、正式な渡し方です。

問18

4

報告のポイントは、「指示を受けた人に直接報告する」、「中間報告をする」、「クレームやイレギュラーなことが生じたら早めに報告する」です。したがって、**1**．**2**．**3**．は適切です。

4．の場合、指示を受けた人（課長）に直接報告していないため、適切とはいえません。したがって、正解は**4**．です。

部長は課長よりも上長ですが、課長が不在だったからといって、自分で判断して部長に報告するのは適切ではありません。**4**．のような状況のときは、課長に連絡を取り、課長の指示で、どのように報告すべきかを確認します。

問19

3

3．は、誤った記述です。顧客の情報だけでなく、従業員に関する情報も、「個人情報」に当たります。

問20

4

本人から直接書面で個人情報を取得する場合であっても、利用目的を明示する必要があります。

法の定める例外（緊急の場合など）以外は、個人情報の利用目的を明確にし、その目的を本人に通知または公表する必要があります。

したがって、正解は**4**．です。

模擬応対者の方へ

実技問題を確認の上、下記の模擬応対者情報並びに発言例を基に応対してください。

また、問題に書かれている注意事項に沿って応対してください。

模擬応対者は、1名です。男女を特定していません。

<ケース1　模擬応対者情報>

氏名	佐藤　涼（さとう　りょう）
電話番号	090-7002-2551

<ケース1　模擬応対者の状況>

あなた（佐藤　涼〔さとう　りょう〕）は、パートナーの誕生日が明日9月7日（木）なのを思い出し、Webで検索して、良さそうなお店「もしもしビストロ」を見つけました。Webには2日前からは電話での予約と書いてあったので、電話をかけて明日の19時の予約をすることにしました。今は9月6日（水）17時00分です。

■ケース1　模擬応対者の発言例

ケース1の第一声は、以下のとおりに言ってください。

②「Webを見て電話したのですが、明日9月7日の19時に2名で予約はできますか？」

その後は、相手に合わせて、以下のように答えてください。

◎予約はできると言われた場合。

⇒「お願いします」

◎食事のコースはどちらにするかと言われた場合。

⇒「席だけの予約はできませんか？」

◎席だけの予約はできず、コースでの予約のみと言われた場合。

⇒「そうなんですね。それではちょっと相談して30分以内にまた電話するので仮押さえしてもらえませんか」

◎「コースのご案内をしましょうか」と言われた場合。

⇒「いえ、自分でWebを見るから結構です」

◎名前や電話番号を教えてほしいと言われた場合。

⇒「佐藤　涼です。電話番号は090-7002-2551です」

そのほか、相手の質問に合わせて適宜答えてください。

◎最後は相手の言葉に合わせて、模擬応対者から電話を切ります。

＜ケース２　模擬応対者の状況＞

あなた（佐藤　涼〔さとう　りょう〕）は、ケース１の後に、もしもしビストロの「シェフおまかせコース」を明日９月７日（木）19時で予約することに決めて、電話で予約することにしました。

■ケース２　模擬応対者の発言例

ケース２の模擬応対者の第一声は、以下のとおりに言ってください。

⑨「10分ほど前にお電話しました佐藤ですが、予約をお願いします」

その後は、相手に合わせて、以下のように答えてください。

◎ご希望のコースはお決まりでしょうか、と言われた場合。

⇒「はい、シェフおまかせコースでお願いします。実は明日はパートナーの誕生日なんですよ」

◎誕生日特典にするかを聞かれた場合。

⇒「はい、Happy Birthdayと書いて、小さな花火をお願いします」

◎誕生日特典の話をされなかった場合。

⇒「Webで見たのですが、誕生日の特典はありますか？」

◎明日の予約内容について確認を求められて、合っていた場合。

⇒「そうです。よろしくお願いします」

◎名前と電話番号を聞かれた場合。

⇒「名前は佐藤　涼、電話番号は090-7002-2551です」

◎料金を伝えられた場合。

⇒「わかりました」

◎何か不明な点はあるかと聞かれた場合。

⇒「ありません」

そのほか、相手の質問に合わせて適宜答えてください。

◎最後は相手の言葉に合わせて、模擬応対者から電話を切ります。

＜注意事項＞

※発言はできるだけこのまま言ってください。

※意味が変わらなければ言いやすい言葉に変えても構いませんが、余計な発言を追加したり応対者を誘導したりしないでください。

※説明にわからない部分があった場合は、質問してください。

※相手に合わせて適宜答えることの中に確認のための復唱も含まれますが、模擬応対者は、簡潔に必要事項のみ復唱してください。

※受検者が言葉に詰まり、黙ってしまった場合は、一呼吸か二呼吸（5秒ほど）待って前の発言を繰り返してください。

※受検者が誤った受け取り方をした場合、「違う」と言って前の発言を繰り返してください（模擬応対者が要約しないでください）。

2回目　解答解説

問1

3

1. ×　「くれる」は、普通の動詞です。敬語ではありません。

2. ×　「もらう」は、普通の動詞です。敬語ではありません。

3. ○　「くださる」は、相手側が動作の主体になる敬語で、「尊敬語」です。

4. ×　「いただく」は、自分側が動作の主体になる敬語で、「謙譲語」です。

したがって、「尊敬語」が使われているのは**3.** です。

相手を高めるのが「尊敬語」で、自分がへりくだるのが「謙譲語」です。どちらも相手への敬意を表す言葉であり、敬意は「尊敬語」でも「謙譲語」でも表現できます。

問2

4

「いさぎよい」（潔い）という形容詞は、「いさぎ＋よい」のように、二語に分解できない言葉です。

1. **2.** **3.** は、「いさぎ＋よい」「いさぎ＋わるい」と、言葉を分解して用いています。よって、誤りです。

したがって、正解は**4.** です。形容詞の活用として、「いさぎよくない」「うつくしくない」「しろくない」など、「語幹＋くない」は、正しい文法です。

問3

1

格助詞の「に」と「へ」は、どちらも「帰着点」を表します。しかし、「に」は「場所」を具体的に言う場合が多く、「へ」は「方向」や「抽象的なエリア」を指す場合が多いです。

1．は、ピンポイントで「場所」を言っています。したがって、「に」を使う方が適切です。

2．3．4．は、「に」と「へ」のどちらも使えます。

問4

2

1．○ 「お返事」は、コミュニケーションの言葉です。どちらの側の「返事」でも、「お（ときには『ご』）」をつけます。

2．× 「お変わり」の「お」は、「相手の状態」につける尊敬語の接頭語に当たります。2．の場合、「自分の状態」を答えるので、正しくは、「変わりありません」と言います。

3．○ 「お代わり」の「お」は、美化語です。したがって、問題ありません。

4．○ 「お酒」の「お」は、美化語です。したがって、問題ありません。

尊敬語の接頭語「お」「ご」は、相手（立てるべき人）の動作・所有物・状態につけます。

しかし、「返事、手紙、電話、説明」などは、相手の動作や所有物でなくても「お」「ご」をつけます（謙譲語の接頭語）。これは、自分からの発信行為でも、相手と自分の両方に結ばれ繋がっているものは、相手のものでもあるからです。

また、「お」「ご」がついている言葉の中には、美化語があります。美化語とは、相手を高めたり自分を低めたりする言葉ではなく、事物をきれいに表現する言葉です。そのため、美化語の「お」「ご」は、自分の物でも相手の物でも、区別なくつけます。たとえば「お茶」「お酒」「お米」「お手洗い」などは美化語です。

問5

3

正解は**3**．です。正しくは、「ふたつ返事でOKしてくれた」です。

問6

4

1．×　正しい読み方は、「最高値（さいたかね）」です。
2．×　正しい読み方は、「凡例（はんれい）」です。
3．×　正しい読み方は、「出納（すいとう）」です。
4．○

仕事で実用する言葉の読み方は、できれば事前に調べて、正確な読み書きができると望ましいです。

問7

2

情報や報告を伝えるときに、「いきなり内容から切り出す」、「詳しい委細や理由を先に伝えてから、優先して伝えるべき『要旨（結論）』を最後に言う」などは、聞き手にとって、わかりにくい伝え方です。

情報を口頭で伝える場合、もしもし検定では、「1に件名（『～について』)、2に結論（『一言で言うと～』)、3に詳細（『なぜならば～』、『詳しく言うと～』)」という「話の組み立て」で話すことをおすすめしています。

設問の場合、件名は「(来週の新規プロジェクトの初会合についての)部長からの伝達」、結論は「メンバーは、都合をつけて全員出席してほしい」、詳細は「社長が特別に出席されて、冒頭で激励の挨拶をされるから」です。

1．× 「話の組み立て」が考えられていない伝え方です。また、センテンスが長く、わかりにくいです。

2．○ 「1に件名、2に結論、3に詳細」の順で伝えており、「話の組み立て」が考えられています。わかりやすい伝え方です。

3．× 最初に「件名」を伝えていますが、「結論」よりも先に「詳細(理由)」を伝えています。

4．× 「件名」を伝えるタイミングが、最初ではなく最後になっています。また、「件名」の言い方が、具体的ではありません。

問8

4

選択肢1．2．3．は、それぞれ少しずつ検索結果に違いが出ることがありますが、同じ意味の検索演算子が使われています。

「OR」は、「電話」または「検定」のどちらか1つでも入っていれば検索結果に表示されます。したがって、正解は4．です。

問9

4

経済産業省は、DXの定義を、「企業がビジネス環境の激しい変化に対応し、データとデジタル技術を活用して、顧客や社会のニーズを基に、製品やサービス、ビジネスモデルを変革するとともに、業務そのものや、組織、プロセス、企業文化・風土を変革し、競争上の優位性を確立すること」としています。

DXの目的は、組織、プロセス、企業文化・風土を変革し、競争上の優位性を確立することにあります。したがって、正解は4．です。

1．「デジタル化」や2．「データ分析」、3．「RPA（Robotic Process Automation）による業務の自動化」は、DXの目的ではなく、過程です。

問10

1

1．は、「IVR（自動音声応答）」と呼ばれるものです。IVRは以前から活用されており、AIを導入することなく実現されています。

2．3．4．は、AIを使っているシステムについての記述です。

したがって、正解は1．です。

問11

4

取引先から紹介を受けたとはいえ、まだ会ったことのない方の携帯電話番号や、メールアドレスなどの個人情報を尋ねるのは控えます。また、早めに連絡を取りたいという思いはあっても、急ぎの用件ではありません。よって、中村さんから電話をしていただくのは、相手への配慮に欠けます。設問のような場合は、電話した理由を簡潔に述べて、中村さんの出社日に改めて電話をかけることを伝えてもらう程度にするのが、適切です。したがって、正解は4．です。

問12

3

「クッション言葉」とは、言いにくいことなどを言うときに、一言添える言葉のことです。「クッション言葉」を覚えておくと、ビジネスシーンで役に立ちます。

「復唱します」は、電話の内容を確認したいときなどに使う言葉です。言いにくいことを言うときに一言添える「クッション言葉」には、当てはまりません。したがって、正解は3．です。

問13

3

1．× 名刺交換は、訪問した側が先に名刺を出すのがマナーです。ただし、相手が目上の人の場合は、目下の人から名刺を出します。

2．× 名刺をズボンの後ろポケットに入れて持ち歩くのは、不適切です。

3．○ 名刺交換をしたときは、相手の顔を見ながら名前を復唱すると、名前を覚えやすくなる上に、相手に好感を与えやすくなります。

4．× 名刺入れは、大切なお客様の名刺を入れるものです。定期入れと兼用にせず、専用のものを持つ方が望ましいです。

問14

4

社員と来客が一緒にいる場合、来客への挨拶を優先させます。

したがって、2．と3．は適切です。

また、1．のように、言葉は交わさずアイコンタクトを取って会釈するだけでも問題ありません。

4．の「お疲れ様です」は相手の労をねぎらう言葉であり、来客への挨拶としては不適切です。したがって、正解は4．です。

問15

3

1. × 「各位」と「様」を併用しているため、不適切です。
2. × 「各位」と「様」を併用しているため、不適切です。
3. ○ 「各位」は、個人名を省略し、不特定多数の人へ呼びかける際の敬称です。相手が目上か、目下か、社外か、社内かに関係なく使えます。「総務課各位」は、「総務課の皆様」という意味です。
4. × 「御中」は、組織宛の文書で個人名がわからないときに使う敬称です。「各位」とは併用しません。

問16

1

1. ○ 名刺は、相手に頂くものです。したがって、「頂戴いたします」(「もらう」の謙譲語) を使うのは、適切です。
2. × 目上の方やお客様に「参考になりました」と言うと、「参考程度にしかならなかった」とも聞こえます。せっかくいただいた意見なら、「ご助言、感謝いたします」と、素直に謝意を示す方がよいです。
3. × 「……になります」は、状況や状態が変化するときに使う言葉です。適切な言い方は、「こちらが資料でございます」です。
4. × 「自愛」は、「体を大事にする」という意味の言葉です。したがって、「お体を」は必要ありません。

問17

4

身だしなみは、ビジネスシーンにふさわしいように整えます。

1.「清潔感」、2.「控えめ」、3.「機能性」は、ビジネスにおける身だしなみを整えるポイントに当てはまります。したがって、正解は4.です。

また、身だしなみを整えるときは、「業界のイメージに合っているか」、「組織としての統一感があるか」という視点を持つことも大事です。

問18

2

2.の「携帯電話番号」は、必要がない限り、名刺交換時に尋ねるのは控えます。したがって、正解は2.です。

名刺交換の際、名刺に書いてある情報を元に、コミュニケーションを取るのは良いことです。

1.3.4.は、相手や会社に関心を持っているからこその質問です。よって、尋ねても問題ありません。

問19

3

個人情報は、生存する個人に関する情報です。

したがって、正解は3.です。

問20

3

人種は、要配慮個人情報に当たります。

1.2.4.は、いずれも、要配慮個人情報についての正しい記述です。

模擬応対者の方へ

実技問題を確認の上、下記の模擬応対者情報並びに発言例を基に応対してください。

また、問題に書かれている注意事項に沿って応対してください。

模擬応対者は、2名です。男女を特定していません。

＜ケース1　模擬応対者の状況＞

氏名	阿部　惣（あべ　そう）
所属·役職	ABC物産株式会社　主任
連絡先電話番号	03-5820-2071

＜ケース1　模擬応対者の状況＞

あなた（阿部　惣〔あべ　そう〕）は、ABC物産株式会社の主任です。もしもしサービスの佐藤主任からもらっていた見積書について、今日中に変更して送ってもらう必要に迫られました。品目と数量を変更したいのですが、重要な案件なので、作成してくれる人と、電話で内容をもう一度確認したいと思っています。13時頃までには、一度話をしたい状況です。

■ケース1　模擬応対者の発言例

ケース1の第一声は、以下のとおりに言ってください。

①「ABC物産の阿部です。佐藤主任はいらっしゃいますか」

その後は、相手に合わせて、以下のように答えてください。

◎「主任の佐藤は有給休暇中（お休み中）」と言われた場合。

⇒「佐藤さんから昨日送ってもらった見積書を至急変更してほしいのです。急ぎなので、どなたか代わりに対応してもらえないでしょうか」

◎「検討する」または「代わって作成して送る」と言われた場合。
⇒「重要な案件なので、作成してくれる方から、13時頃までには一度電話をもらいたいのですが、お願いできますか」
◎変更点を聞かれた場合。
⇒「品目と数量です。あなたにお願いしてもよろしいですか」
◎「対応できる者と連絡をとり、その者から連絡する」と言われた場合。
⇒「重要な案件なので、作成してくれる方から13時頃までには一度電話をお願いします」
◎電話番号を聞かれた場合。
⇒「会社の番号で03-5820-2071です」
◎「ほかに確認したいことがあるか」と聞かれた場合。
⇒「特にありません」
そのほか、相手の質問に合わせて適宜答えてください。
◎最後は相手の言葉に合わせて、模擬応対者から電話を切ります。

＜ケース2　模擬応対者情報＞

氏名	吉田　かおる（よしだ　かおる）
所属·役職	もしもしサービス株式会社　第一営業担当　主任

＜ケース2　模擬応対者の状況＞

あなた（吉田　かおる〔よしだ　かおる〕）は、もしもしサービス株式会社第一営業担当の主任です。

担当内では、有給休暇中などはお互いにフォローし合って対応しており、お客様とのやりとりはすべて共有し合っています。

今日7月7日（金）11時10分、お客様訪問が終わり、会社へ戻る最中に、業務用携帯電話へ会社から電話がかかってきました。

※受検者が、吉田　かおる以外に電話をかけてきた場合には、吉田主任へ電話で依頼するよう伝えて一度切断してください。

■ケース２の模擬応対者の発言例

ケース２の第一声は、以下のとおりに言ってください。

⑦「はい、吉田です」

その後は、相手に合わせて、以下のように答えてください。

◎今、電話が大丈夫か、と言われた場合。

⇒「大丈夫ですよ。どうしましたか？」

◎ABC物産の阿部様から佐藤さん宛に急ぎの見積変更の依頼があったが、佐藤さんが今日お休みなのでお願いできないか、と言われた場合。

⇒「わかりました。私が対応します」

◎外出先から阿部様へ電話できるかを聞かれた場合。

⇒「予定より早く、まもなく会社へ戻るので、戻ったら阿部様へ電話しますね」

◎13時までに阿部様へ電話してほしいと言われた場合。

⇒「わかりました。それでは今すぐ阿部様へ電話しますね」

◎阿部様の会社の電話番号を伝えると言われた場合。

⇒「会社の電話番号は知っているので大丈夫です」

◎何時頃戻れそうかと聞かれた場合。

⇒「予定より早く、昼頃には戻ります」

◎ほかに確認したいことがあるか、聞かれた場合。

⇒「ありません」

そのほか、相手の質問に合わせて適宜答えてください。

◎最後は相手の言葉に合わせて、模擬応対者から電話を切ります。

＜注意事項＞

※発言はできるだけこのまま言ってください。

※意味が変わらなければ言いやすい言葉に変えても構いませんが、余計な発言を追加したり応対者を誘導したりしないでください。

※説明にわからない部分があった場合は、質問してください。

※相手に合わせて適宜答えることの中に確認のための復唱も含まれますが、模擬応対者は、簡潔に必要事項のみ復唱してください。

※受検者が言葉に詰まり、黙ってしまった場合は、一呼吸か二呼吸（5秒ほど）待って前の発言を繰り返してください。

※受検者が誤った受け取り方をした場合、「違う」と言って前の発言を繰り返してください（模擬応対者が要約しないでください）。

索引

た

な

は

ま

や

編者紹介

公益財団法人 日本電信電話ユーザ協会

電話応対技能検定（もしもし検定）の実施団体。1976年（昭和51年）、電気通信利用者の実態調査、サービスの評価、普及、相談受付、教育を目的として設立。ICT（情報通信技術）の利活用推進、電話応対教育を大きな柱として、各種研修・講習やコンテスト、コンクールの開催、最新情報の提供などを行う。
https://www.jtua.or.jp/

電話応対技能検定（もしもし検定）3・4級公式問題集〈第6版〉

2013年12月17日 1版1刷
2015年 9月 9日 2版1刷
2017年12月13日 3版1刷
2019年12月 4日 4版1刷
2021年12月13日 5版1刷
2023年12月15日 6版1刷
2024年 7月 2日 2刷

編　者 公益財団法人 日本電信電話ユーザ協会

発行者 中川 ヒロミ
発　行 株式会社日経BP
日本経済新聞出版
発　売 株式会社日経BPマーケティング
〒105-8308 東京都港区虎ノ門4-3-12
装　丁 此林 ミサ
ＤＴＰ シーエーシー
編集・校正 江口 ひかる
印刷・製本 三松堂
ISBN978-4-296-11810-6

正誤に関するお問い合わせは、ウェブサイトの正誤表［https://nikkeibook.nikkeibp.co.jp/errata］をご確認の上、ご連絡は下記にて承ります。
https://nkbp.jp/booksQA
※本書についてのお問い合わせは、次の改訂版の発行日までとさせていただきます。

Printed in Japan